首都圏

城跡ハイキング

歩いて楽しむ歴史の足跡

清水克悦〈著〉

メイツ出版

城跡ハイキングのすすめ　――はじめに

歴史ファンが日帰りで、首都圏にある城跡をハイキングするガイドブックです。江戸城や小田原城のように著名な城跡だけでなく、地元の人しか知らないような城跡もめぐります。城には、どんな歴史があったのでしょう。わくわくするロマンや感動があるか、遺構があるか、歩いて楽しいかが城跡ハイキングには大切です。どの城もせいぜい3時間（距離は5～7㎞）ほどのハイキングですから、翌日に疲れを残さない気軽さも魅力です。最寄り駅（バス停）から歩いてこそ城の立地が見えてきます。不安にならないように、地図と、最寄駅（最寄りバス停）から城跡までの距離と時間、城跡の縄張りと可能な限りめぐるルートを入れました。

麓までバスに頼る城跡は、バス便が少ない地域がほとんどです。しかも時刻の改定があったり、廃止されたりもします。実施に当たっては、時刻を必ず確認してください。山城の場合は、登り下りが多いので、滑りにくい、靴底に凹凸のある登山靴がベストです。蚊対策も忘れずに。めぐっているときの楽しさ、帰ってから写真や記録を整理する楽しみもあり、歴史だけでなく、城の立地や縄張りに関心を持ち、城を知れば知るほど、奥の深さに熱中するでしょう。本書が、城跡ハイキングを趣味とする人たちの増えるきっかけとなればと願っています。

首都圏　城跡ハイキング歩いて楽しむ歴史の足跡　全27コース　もくじ

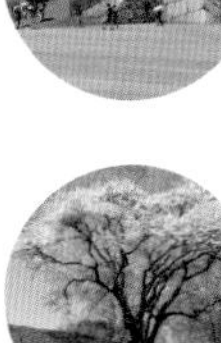

2章　北関東エリア

3章　山梨エリア

本書の使い方

❶対象となる城跡を示しています。

❷城の特徴を端的に示しています。

❸文中に付けられた番号は、コースと所要時間、写真と対応しています。歩き方の目安にしてください。

このコーナーでは、実際の行き方やそれぞれの場所までの目安となる距離や時間、滞在時間などを

❹記載しています。

コース全体の所要時間と距離、場所の所在地を示しています。

❺該当箇所やその周辺を詳しく知りたい方は、２万 5000 分の１の地形図（国土地理院）を用意すると

❻よいでしょう。ここでは、書店等で入手する際の地図名を記載しています。

休憩（食事）に最適な場所、トイレの場所、オススメの場所やオススメの時期、歩くうえでの注意点、

❼乗り物や現地についての問合せ先を示しています。

対象となる城の歴史を説明しています。

❽地図上でコース全体の行程を示しています。付された番号は本文、コースと所要時間、写真と対応

❾しています。

（本書は 2023 年 9 月現在の情報に基づいています。）

第1章
南関東エリア

東京　埼玉　千葉　神奈川

江戸城

1年中、いつ行っても素晴らしい城跡。梅、桜、花菖蒲の開花時期に訪れるのもいい。紅葉は、12月。本丸跡の芝生で憩う時間も欲しい

東京駅の丸の内中央口から、和田倉門交差点に向かう。和田倉濠に沿って右折し、和田倉橋を渡ると、枡形が残る❶**和田倉門跡**。元和6年（1620）、仙台藩主伊達政宗などによって造られ、8年後の寛永5年（1628）に熊本藩主加藤忠広により改築された。この地は道三堀の起点で、物資の集積場所。かつて門内には「一の蔵」があり、これが門の名の由来という。和田倉噴水公園の西側、桔梗濠を隔て江戸城に残る唯一の隅櫓が建つ。❷**桜田二重櫓**である。切妻破風の下の出窓状の突き出しが石落とし。破風内は青海波文様。弓や鉄砲を撃つ狭間を持っている。桔梗門、富士見櫓が眺められる江戸城らしい景色である。少し西に歩き、大手門から東御苑に入る。

❶ 和田倉橋を渡ると和田倉門

❷ 桜田二重櫓

DATA

歩行距離……約4km　**歩行時間**……約2時間10分

所在地　千代田区1－1－1

参考　国土地理院2万5000分の1地形図　東京首部

【弁当のオススメ場所】本丸跡

【トイレ】本丸休憩所の脇、天守台脇、北の丸休憩所の脇などにある

【特記事項】

・観光客が巡るほぼ平坦なコース。ウオーキングシューズで可

・皇居東御苑（北の丸を除く江戸城）は、月曜日と金曜日は休園なので注意

・本丸の桜が咲く3月末、12月初めの紅葉の頃がオススメ。コースを外れるなら、二の丸のハナショウブ、梅林坂の梅の季節も素晴らしい

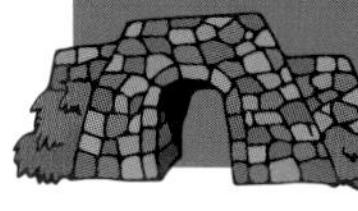

③大手門

大手門は、江戸城と城下町をつなぐ城の表門。枡形形式の城門になったのは、元和6年（1620）のことらしい。伊達政宗らの御手伝普請で築造された。明暦3年（1657）の江戸の大火で類焼し、翌、万治元年（1658）に再建されたが、その後も火災や地震などの被害を受け、そのたびに修復、修理された。現在の大手門は、先の戦災で被災した後、昭和42年（1967）に改修されている。

大手門

内側から見た大手門（渡櫓）

大名の登城日は、月次（つきなみ）登城日（毎月1日、15日、28日）のほか、五節句（1月7日、3月3日、5月5日、7月7日、9月9日）、家康が江戸入府の八朔（はっさく）（8月1日）と決められていた。大手門から登城する大名は、親藩（徳川家の近親が封ぜられた藩。御三家、御家門に列する諸藩）、譜

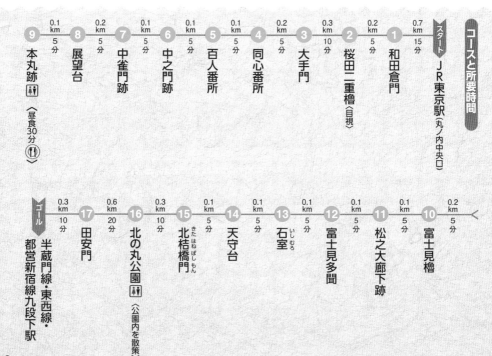

コースと所要時間

スタート JR東京駅（丸ノ内中央口）
↓ 0.7km 15分
1 和田倉門
↓ 0.2km 5分
2 桜田二重櫓（目視）
↓ 0.3km 10分
3 大手門
↓ 0.2km 5分
4 同心番所
↓ 0.1km 5分
5 百人番所
↓ 0.1km 5分
6 中之門跡
↓ 0.1km 5分
7 中雀門跡
↓ 0.2km 5分
8 展望台
↓ 0.1km 5分
9 本丸跡 〈昼食30分〉
↓ 0.2km 5分
10 富士見櫓
↓ 0.1km 5分
11 松之大廊下跡
↓ 0.1km 5分
12 富士見多聞
↓ 0.1km 5分
13 石室（いしむろ）
↓ 0.1km 5分
14 天守台
↓ 0.1km 5分
15 北桔橋門（きたはねばしもん）
↓ 0.3km 10分
16 北の丸公園 〈公園内を散策〉
↓ 0.6km 20分
17 田安門
↓ 0.3km 10分
ゴール 半蔵門線・東西線・都営新宿線九段下駅

代大名（関ヶ原の戦い以前からの徳川氏の家臣）で、外様大名（関ヶ原の戦いの後に臣従した大名）は桔梗門（内桜田門）から登城すると決められていた。大名（1万石以上）は駕籠に乗り、お供は侍5名（10万石以上の大名は7名）＋挟箱持ち（着替用の衣服を入れる）1名＋草履取り1名に制限されていた。大名と役高5000石以上の役人以外は、大手門の手前で駕籠を降りた。

④同心番所〈大手三ノ門（下乗門）〉

大手三の門（下乗門）には、同心番所が置かれていた。駕籠に乗ったまま通過できたのは、尾張、紀州、水戸の御三家だけ。他の大名は、駕籠から降りた。お供は侍2名（10万石以上の大名は3名）＋挟箱持ち1名＋草履取り1名になる。本丸へ向かうには中之門を、二の丸御殿へ向かうには銅門（今はない）を通った。分岐には百人番所がある。

同心番所

⑤百人番所

百人番所は甲賀組、根来組、伊賀組、廿五騎組が交代で警備に当たっていた。各組に同心が百人ずつ所属していたので、百人番所と呼ばれ、鉄砲百人組ともいわれた。

百人番所

⑥中之門跡

百人番所前の巨大な直方体の石を隙間なく積み上げた石垣（切込接ぎ）が中之門。内側にあるのは大番所である。中之門に入り大番所前を左に進む坂道は、かつて雁木（石段）だった。

大番所

中之門跡

⑦中雀門跡（書院門跡）

本丸御殿に通じる最後の門。扉に真鍮（しんちゅう）（別名黄銅、銅と亜鉛を混ぜ合わせた合金）の化粧金具を取付けた鍮錫門（ちゅうじゃくもん）に由来する。文久3年（1863）11月の火災で本丸御殿が焼けた時に類焼し、石垣に火事の痕跡がある。本丸御殿の玄関からは御三家もお供は付かない。

火災の痕跡が残る中雀門

⑧展望台（御台所前三重櫓）

北側に白鳥濠と汐見坂が見下ろせる。汐見坂を下ると二の丸で、将軍の世子、その他の御殿があった。たびたび火災に遭い、慶応3年（1867）からは再建されなかった。小堀遠州の作庭と伝えられる二の丸池を中心とする回遊式庭園は、昭和43年（1968）の復元。

三重櫓が建っていた展望台

⑨本丸跡

幕府の行政の場である表向（おもてむき）、将軍の公邸の中奥、将軍の私邸の大奥に別れていた。総面積は約3万3千㎡。周辺には天守のほか、櫓15棟、多聞15棟、諸門20数棟があった。最初の本丸御殿は慶長11年（1606）に完成したが、その後たびたび焼失再建を繰り返し、文久3年（1863）の大火で焼失した後は再建されなかった。焼け残ったのは富士見櫓と蓮池濠に面した富士見多聞だけである。

本丸跡

⑩富士見櫓

太田道灌が『我が庵は　松原つづき　海近く　富士の高嶺を軒端（のきば）にぞ見る』と詠った静勝軒があったところ。明暦の大火（1657）で天守が焼失した後、天守の役割を果たしていた。櫓

富士見櫓

は、武器などを保管しておく「矢倉」のこと。江戸城には15棟の櫓があったが、現在残っているのは、富士見櫓、伏見櫓、桜田二重櫓（巽隅櫓）の3箇所だけ。富士見櫓は、万治2年（1659）の再建。

⑪松之大廊下跡（元禄赤穂事件発生の場所）

小さな石碑が建つ。元禄14年（1701）3月、勅使（天皇の特使）御馳走役であった赤穂藩主・浅野長矩が、接伴役の高家・吉良義央に斬りつけた事件が本丸の大広間と将軍との対面所である白書院を繋ぐこの松之大廊下で起きた。廊下に沿った襖に松と千鳥の絵が描かれていたので松之大廊下といった。

松之大廊下跡

⑫富士見多聞櫓（御休息所前多門櫓）

武器弾薬や道具が入れてある長屋。永禄年間（1558～1569）、松永弾正久秀が大和多聞城（奈良市の北佐保山）にこのような長屋を初めて築き、その名を取って多聞という。

富士見多門櫓

⑬石室

広さ20㎡。用途は不明だが、大奥の上納戸脇に当たるので、非常の際の奥向の調度、文書を収納したところではないかという説が有力である。

⑭天守台

高さ11mほどの天守台は、本丸台地の最高所である。天守台の下部に金明水井戸が残っている。

石室

天守は3度建て替えられている。最初の天守は、家康が慶長12年（1607）に、本丸の中央西側に建てた5層のもの。その後、2代将軍・秀忠が元和8年（1622）に天守を建てた。3代将軍・家光のとき、寛永15年（1638）に改築された寛永の天守は、地上からの高さが約58m、金の鯱を乗せた日本一の大天守だった。明暦3年（1657）の大火（振袖火事）で、北西の窓から吸い込まれるように火が天守に入ると、瞬く間に燃え落ちてしまった。明暦の大火は、江戸の町の6割以上を焦土化し、大名邸宅500余り、旗本屋敷800余り、神社仏閣300余りを焼失し、死者が10万人を越えた大火。本丸、二の丸、三の丸も焼け落ち、将軍・家綱は延焼を免れた西の丸へ避難したが、一時は城外への避難を考えたほどだった。

天守の再建は、加賀藩（4代

藩主・前田綱紀によって花崗岩の天守台の建造まで進んだが、家綱の補佐役の叔父・保科正之（3代将軍・家光の異母弟。高遠藩主、山形藩主。会津松平家初代）が「もはや武力の象徴の天守は必要ない。江戸市中の復興に力を注ぐべきだ」と主張し、沙汰止みになった。

天守台

⑮北桔橋門

北の丸公園へは、天守台の北側にある北桔橋門を出る。北桔橋門は本丸の背後に位置し、本丸御殿に至近の地点であったので、この濠は深く、石塁は堅固であった。有事の際、木橋（跳橋）を跳ね上げて往来を遮断できる仕組みだった。高麗門の冠木には、跳橋を吊った金具が現在も残っている。

北桔橋門

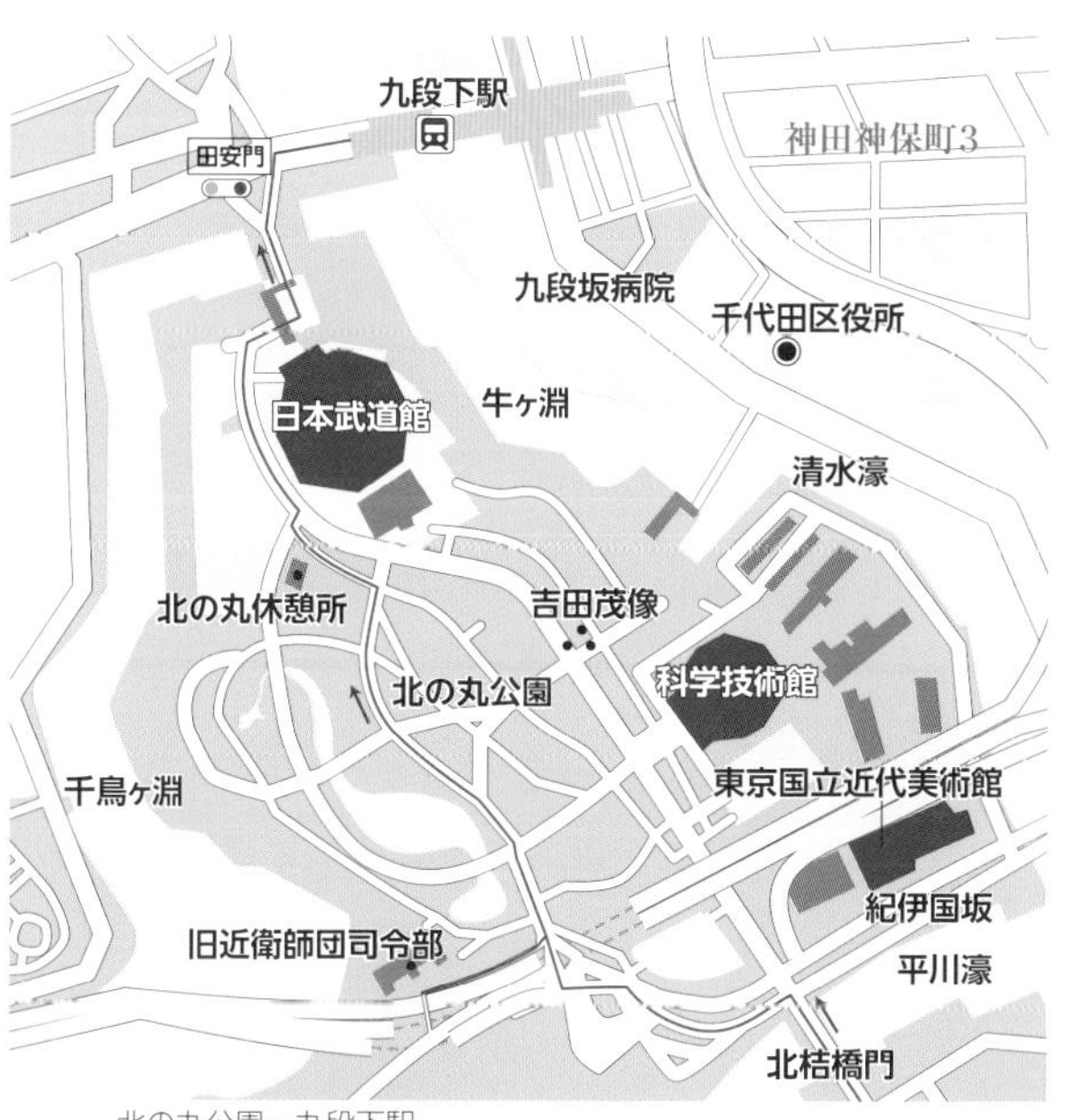

北の丸公園～九段下駅

北桔橋門の跳橋を吊った金具

北の丸公園・旧近衛師団司令部

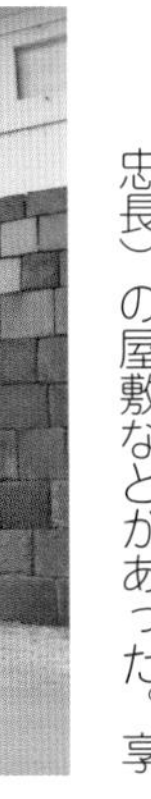

田安門・渡櫓

⑯北の丸公園

北の丸は、慶長12年（1607）に造営された。江戸時代の初めの頃は、天樹院（秀忠の長女千姫）や春日局、家康の側室で水戸頼房の養母・英勝院（お勝）、駿河大納言（家光の弟忠長）の屋敷などがあった。享保15年（1730）、8代将軍・吉宗の次男・宗武が田安家を興し、宝暦8年（1758）に吉宗の嫡男9代将軍・家重の次男・重好が清水家を興すと、両家で北の丸を占拠した。明治以降は近衛師団が占拠した。昭和天皇の還暦を記念して昭和44年（1969）に開園された。

田安門・高麗門

⑰田安門（重要文化財）

門の名は、田安台という門内の百姓地に祀られた「田安明神」に由来している。飯田町口門ともいわれた。元和6年（1620）に仙台藩主・伊達政宗ほか6名の大名によって枡形が構築された。門内には徳川御三卿の田安家の屋敷が置かれた。

現在の門は、高麗門の扇釣金具（蝶番）に残る刻銘から寛永13年（1636）の建築と推定され、江戸城の中では最も古い建物であり、国重要文化財（建築物）に指定されている。田安門を出て、右に下ると九段下駅である。

江戸城小史

太田道灌が江戸城を築いたのは、長禄元年（1457）である。家康が築いた江戸城の本丸周辺にあったという。南は、波が打ち寄せる海浜であった。道灌は、文明18年（1486）に主君の扇谷上杉定正に暗殺され、江戸城には扇谷上杉朝良が入城した。子の朝興が在城の大永4年（1524）、伊勢宗瑞の後を継いだ北条氏綱に攻められ、朝興は川越城に逃れた。氏綱は江戸城に城代を置いた。北条氏は70年在城したが、ほとんど城に手を加えていない。天正18年（1590）に小田原の役（豊臣秀吉による小田原征伐）で北条氏が滅亡し、江戸城が徳川家の居城となると、家康は慶長11年（1606）から江戸城の本工事に着手した。幕府への忠誠心を試し、諸大名の財力消耗を図った天下普請である。今治藩主・藤堂高虎が縄張り（設計）をし、家康の側近の内藤清成らが奉行となった。この年に本丸、二の丸、三の丸、江戸城北側石垣などを造営したのを皮切りに、大規模な増改修が3代家光の寛永期まで継続され今日の規模に整えられた。江戸城は、明暦3年（1657）の振袖火事により全焼したのをはじめ、たびたび火災に遭っている。明治維新後、江戸城は皇居となった。

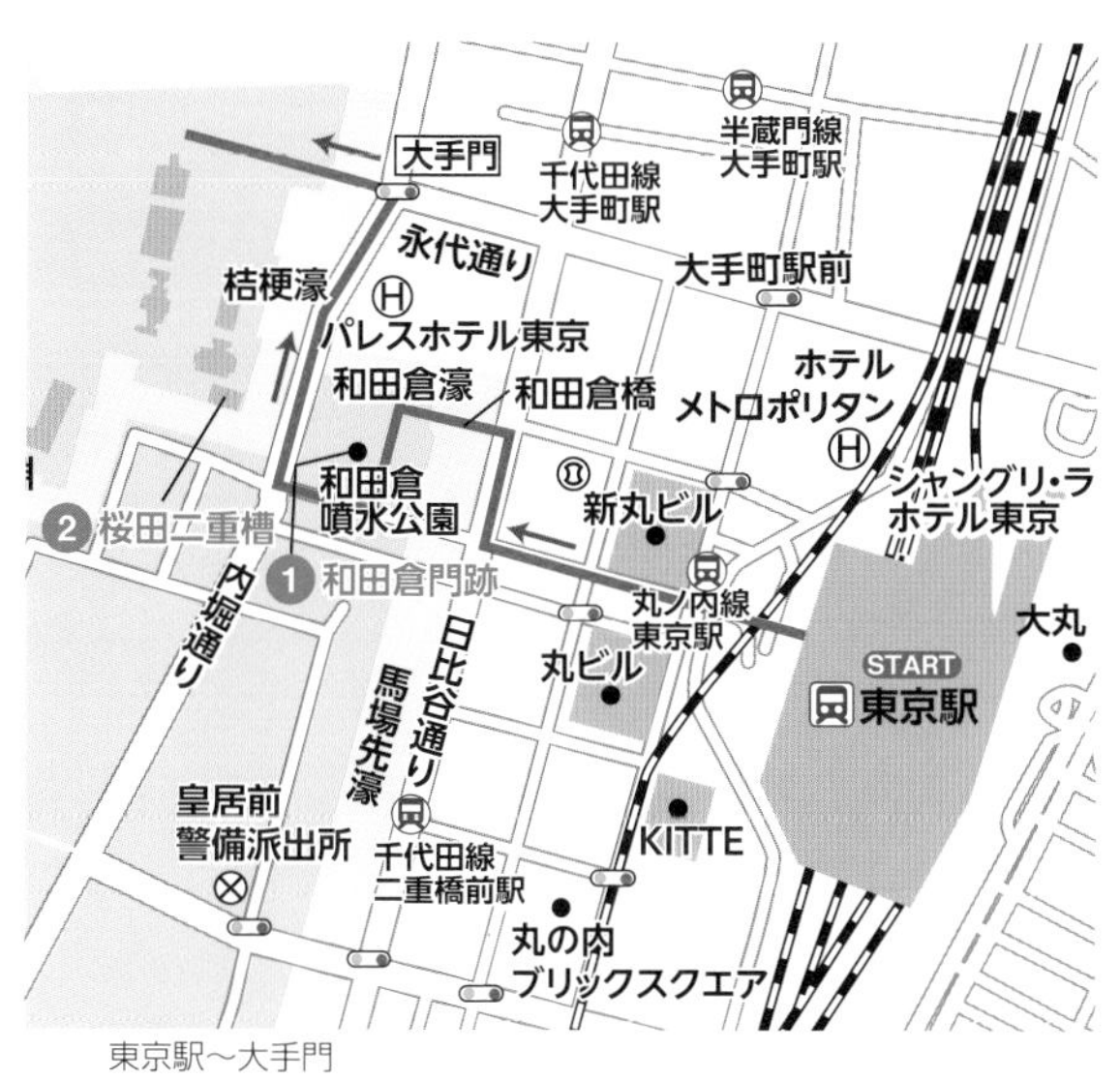

東京駅〜大手門

寛永 13 年の刻銘がある扇釣金具

江戸城 コースマップ

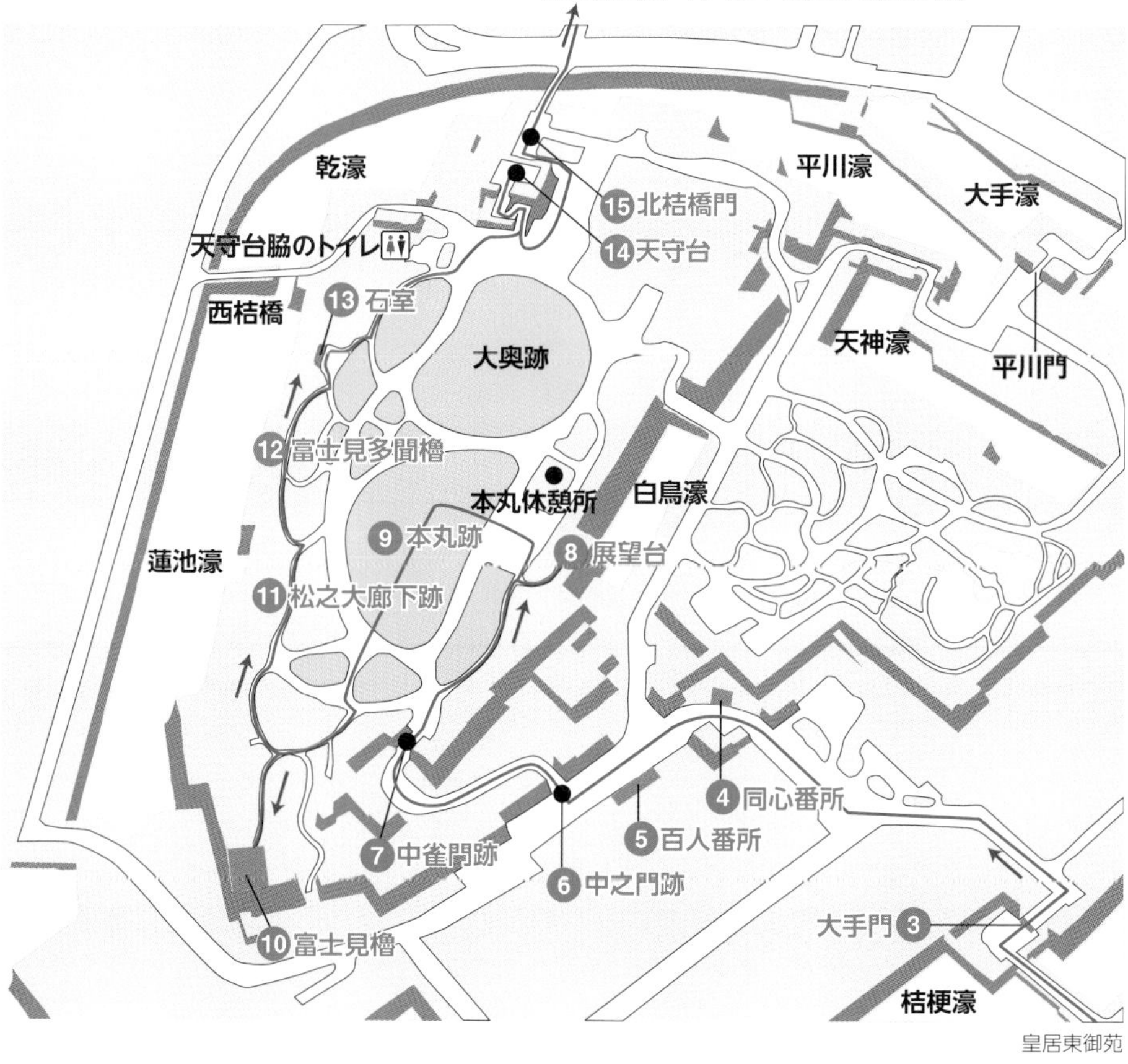

北の丸公園へ（P13下段左の地図参照）

乾濠
平川濠
大手濠
15 北桔橋門
14 天守台
天守台脇のトイレ
西桔橋
13 石室
大奥跡
天神濠
平川門
12 富士見多聞櫓
本丸休憩所
白鳥濠
9 本丸跡
8 展望台
蓮池濠
11 松之大廊下跡
4 同心番所
5 百人番所
7 中雀門跡
6 中之門跡
大手門 3
10 富士見櫓
桔梗濠

皇居東御苑

東京

滝山城(たきやまじょう)

複雑な自然地形を巧みに利用し、空堀と土塁によって敵の侵入に備えた

❶ 大手道といわれる天野坂

滝山城跡は、八王子市の北端、多摩川と秋川の合流点の南側に広がる加住丘陵の一角に築かれている。城域は、東西約900m、南北約1000mと広く、複雑な自然地形を巧みに利用し空堀と土塁によって区画された大小30ばかりの曲輪群が配置され、敵の侵入に備えていた。現在は、都立滝山自然公園になっている。

八王子駅北口の⑫番乗場から、西東京バス・東京サマーランド行または、戸吹スポーツ公園入口行きに乗り、滝山城址下バス停で下車する。大手道といわれる急な、❶**天野坂**を登る。両側は背の高い竹林である。坂の左手に小宮曲輪の空堀が見える。右手には三の丸を囲む空堀、左に「山の神曲輪」への分岐を過ぎると、右に三の丸への登り口に出るので、曲輪の上から❷**三の丸**を一周しての空堀を覗いて来よう。

本丸方面に向かうと、寄せ手の直進を防ぐため鉤型(かぎがた)に曲がる土橋(コの字形土橋)がある。寄せ手は、土橋を通過

❷ 三の丸の空堀

DATA

歩行距離……約4.2km　**歩行時間**……約2時間

所在地 東京都八王子市丹木町

参考 国土地理院2万5000分の1地形図　五日市

【弁当のオススメ場所】中の丸の東屋
【トイレ】中の丸にある
【オススメ】山城は、雑草が枯れ、堀などの地形がわかる11月～3月ごろに訪れるとよい
【その他】山城は滑りやすいので、靴底に凹凸のある靴、登山靴がベスト
【問合せ先】
・西東京バス楢原営業所:☎042-623-1365
・八王子市観光課:☎042-620-7378

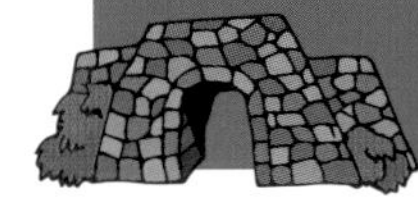

❸ 千畳敷

するとき、守り手に側面をさらしてしまうので、守り手は横矢をかけやすい作りだ。

次は、左手に❸**千畳敷**と呼ばれる広い曲輪があるので、入ってみよう。東端は、❹**二の丸の角馬出**（虎口の前に設けられた空間）に接している。二の丸は、滝山城の要の曲輪で、本丸、中の丸への入口を固める重要な防御拠点で、東、西、南の三方面に枡形虎口とその前面に馬出を備えている。馬出は、文字から馬の出撃を想像しがちだが、馬ではなく城兵が守る曲輪である。

やや戻って、二の丸馬出の道標から、細い道を二の丸の南側の空堀に沿って行く。左手に空堀を渡る土橋がある。これを渡って二の丸に入る。二の丸にある2つ目の虎口だ。土橋の前は、見逃し勝ちな小さな❺**南馬出**だ。やや東寄りに大馬出がある。空堀沿いを道なりに行くと、東馬出と家臣屋敷（信濃屋敷、刑部屋敷、カゾノ屋敷）との分岐に出る。家臣屋敷を行くと、空堀に橋（かつて引橋）が架かっている。南東の城域はここまでである。

❻**東馬出**、二の丸を抜けて❼中の丸に向かう。中の丸の手前

❹ 二の丸角馬出前の空堀

❼ 中の丸北端

コースと所要時間

- スタート　JR八王子駅北口　バス停⑫番乗場〈★1〉
- 20分
- バス停「滝山城址下」
- 0.3km　10分
- ❶ 天野坂
- 0.1km　5分
- ❷ 三の丸
- 0.1km　5分
- ❸ 千畳敷
- 0.1km　5分
- ❹ 二の丸角馬出
- 0.1km　5分
- ❺ 二の丸南馬出
- 0.1km　5分
- ❻ 東馬出
- 0.2km　5分
- ❼ 中の丸
- 0.2km　5分
- ❽ 本丸
- 1.0km　25分
- 三の丸
- 1.3km　40分
- ❾ 山の神曲輪
- 0.8km　20分
- バス停「滝山城址下」〈★2〉
- 20分
- ゴール　JR八王子駅北口

〈★1〉西東京バス・東京サマーランド行

〈★2〉西東京バス・京王八王子駅行き20分

滝山城跡碑

中の丸と本丸をつなぐ木橋

❽ 本丸、手前は井戸

滝山城小史

これまで、滝山城は、500年ほど前の大永元年（1521）に山内上杉家の重臣で武蔵守護代の大石定重、定久が、高月城から移ってきて築城し、永禄元年（1558）頃、大石定久の娘婿になった北条氏康の三男・氏照が城の大改修をしたといわれてきた。

しかし、永禄4年（1561）に上杉謙信が小田原城を攻めた際に滝山城下を経由したのに合戦が起きていないこと、北条氏康が三田氏を攻めた際に滝山城よりも遠い由井城（浄福寺城）に本陣を置いていることなどから当時は滝山城がまだ存在していなかったという説が現在では、有力になってきた。

それではいつか？天文15年（1546）、小田原の北条氏康は、河越の夜戦（河越城の戦い）で一門の北条綱成が守る川越城を取り囲んでいた山内上杉、扇谷上杉軍に夜襲をかけて破り、関東進出の大きな足場を築いた。このとき、大石家は北条氏の軍門に下っている。

永禄2年（1559）、氏照は大石家の本拠・由井城（浄福寺城）に入り、この年大石綱周の娘・比佐を娶り養子縁組をして大石源三氏照と名乗り、家督を譲られた。大石綱周は、定久の息子と推測されている。

永禄6年（1563）に氏照には、まだ由井に在城していたらしく、小田原城から由井城の氏照へ棟別銭（家屋の棟単位で賦課された租税）免除の指示をした朱印状が出されている。しかし、永禄10年（1567）には、氏照が滝山城への年貢納入を命じた発給文書があることから滝山在城を確認できるという。この2件から、氏照は、永禄6年（1563）〜永禄10年（1567）の間に上杉謙信の南下に対抗するために滝山城を築城したと考えられる。

永禄12年（1569）には、小田原の北条氏攻略の途中の武田信玄に、2万の兵で滝山城が囲まれた。『甲陽軍艦』（武田信玄の戦功・武略を中心に、治政、刑法、軍法などを記した軍学書）によれば、二の丸まで攻め寄せる猛攻を加えたという。かろうじて落城を免れた滝山城だが、2日間の攻防戦が行われ、信玄は攻め込むことができず、消耗を避け3日目に小田原に向かったという説もある。いずれにしろ、滝山城に見切りをつけた氏照は、天正の中頃（1580年代）に南西約9㎞の地に八王子城を築いて移った。

❾山の神曲輪

には当時も木橋がかけられ、その手前には、馬出櫓門があったという。寄せ手は、二の丸や中の丸の櫓からの横矢がかかりを受けた。中の丸の虎口を入ると、旧滝山壮の裏手に、東屋が建つ。中の丸にはトイレも完備している。東屋あたりからは、多摩川や昭島の市街地が見下ろせる。中の丸は、多摩川から約70ｍの高さがある。この先、本丸や山の神曲輪からも角度を変えて多摩川方面が望める。

本丸へは大堀切に架けられた木橋（当時は、寄せ手が押し寄せてきたときに引き込むことができる引橋）を渡り、枡形虎口を通って❽本丸に入る。本丸は二段に削平されており、上の段には霞神社、金毘羅神社が祀られている。金毘羅神社の脇からは出丸方面に道がある。本丸の下の段には滝山城址碑や井戸がある。南側の枡形虎口を下ると、木橋の下に出る。橋の下を通る道は鎌倉古道である。

三の丸まで戻り、アップダウンを繰り返しながら❾山の神曲輪へ往復して来よう。小宮曲輪の入口には、北からの攻撃に備えて大きな枡形虎口があったという。

滝山城
コースマップ

❾山の神曲輪（やまのかみぐるわ）
本丸 ❽
❼中の丸
弁天池
二の丸角馬出 ❹
❻東馬出
千畳敷（せんじょうじき） ❸
●家臣屋敷
❺二の丸南馬出
大池
❷三の丸
橋
❶天野坂
バス停「滝山城址下」

八王子城

豊臣秀吉の小田原攻めがあった天正18年（1590）に、前田利家らの大軍に攻撃され、落城した

天正18年（1590）6月23日、豊臣秀吉の小田原攻めの際に、前田利家らの軍勢1万5千に元八王子側と恩方側から攻められた。城主・北条氏照は小田原城内に詰めていた。城を守るのは横地監物、中山勘解由家範、狩野一庵以下3000〜4000人。このうち戦闘員は、700〜800人で、多くは避難してきた農民たち。僧侶もいた。

❶ 本丸跡に建つ本陣碑

管理棟（❸）から新道を登っていくと、金子三郎右衛門家重が守っていた金子曲輪に出る。小宮曲輪は、八王子神社の石段下の右手。狩野一庵が守っていた。小宮曲輪が落ちると、山頂の曲輪が次々に破られていったという。

横地監物吉信が守っていた❶**本丸跡**の下には、八王子神社が祀られている。中山勘解由家範が守っていた❷**松木曲輪跡**（二の丸）からは、眼下に八王子の街並みが見下ろせる。

当時、北条氏は小田原城を本拠として相模、武蔵を中心とし

❶ 八王子神社

DATA

歩行距離……約 4.4 km　**歩行時間**……約 2 時間 30 分

所在地　八王子市元八王子町3丁目

参考　国土地理院2万5000分の1地形図　八王子

【弁当のオススメ場所】松木曲輪

【トイレ】ガイダンス施設と管理棟（利用時間は、9:00〜17:00）、松木曲輪の直下にもある

【特記事項】・八王子城の本丸は460 m、比高200 mの山城のため登山靴がベスト

・日本百名城スタンプは、ガイダンス施設と管理棟にある

【問合せ先】・八王子市教育委員会生涯学習課スポーツ部文化財課：☎ 042-620-7265

・国史跡八王子城跡ガイダンス施設：☎ 042-663-2800

・西東京バス恩方営業所：☎ 042-650-6660

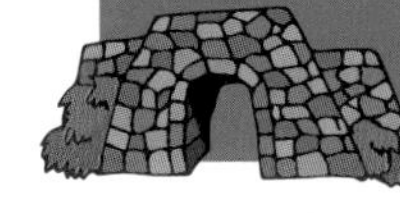

❹ 曳橋跡に架かる橋と御主殿の虎口

た地域を治め、天下統一を目指す豊臣秀吉に従わなかった。天正18年（1590）、秀吉の本隊は小田原城を囲み、前田利家らの別働隊は北関東の北条の城を陥落させながら南下してきた。氏照の弟・氏邦が城主の鉢形城（埼玉県寄居町）は、1ヶ月近くの戦いの末、降伏した。

八王子城が落城の時、御主殿にいた城方の将兵、婦女子は御主殿の滝の上流で自刃し、次々に身を投じた。その血で城山川の水は、三日三晩赤く染まったという。一方、小田原城は戦わずに降伏し、北条氏政・氏照兄弟は7月11日に城下で切腹した。

城山川に架けた曳橋を渡ると、虎口（曲輪の出入口）である。周囲を石塁に囲まれた幅約5mの石敷きのスペースがあり、ここで、コの字型に曲がり冠木門を入ると❹**御主殿**。平成2年からの発掘調査で、氏照の居館と考えられる建物の礎石や庭園遺構が見つかり、また、日本で出土し

❹ 御主殿虎口

❷ 松木曲輪

コースと所要時間

- スタート JR高尾駅北口 バス停①〈★1〉
- 10分
- バス停「八王子城跡」ガイダンス施設 🚻
- 1.0km 40分
- ❶ 本丸跡・八王子神社
- 0.1km 5分
- ❷ 松木曲輪〈昼食〉🍴🚻
- 1.2km 50分
- ❸ 管理棟 🚻
- 0.5km 15分
- ❹ 御主殿跡 🚻
- 0.6km 15分
- ❺ ガイダンス施設 🚻
- 0.5km 10分
- ❻ 北条氏照の供養塔
- 0.5km 15分
- バス停「八王子城跡」①〈★2〉
- 10分
- ゴール JR八王子駅北口

〈注〉・土、日、祝日はバス停「高尾駅北口」①番乗場からガイダンス施設に隣接したバス停「八王子城跡」まで行く西東京バスがある。
平日は①番乗場から乗車し、バス停「霊園前・八王子城入口」で下車して徒歩約20分

〈★1〉西東京バス10分・190円

〈★2〉西東京バス10分・190円

たのは八王子城だけというベネチア産のレースガラス器や大量の中国産陶磁器皿などが出土した。

御主殿跡を散策した後、❺**ガイダンス施設**でトイレ休憩し、そのあと、ガイダンス館の北側にある❻**北条氏照の供養塔**をお参りする。

氏照の供養塔と家臣の墓は元禄2年（1689）の北条氏照百回忌法要の時に建立された。氏照の供養塔をはさんで、八王

❺ ガイダンス施設

八王子城小史

八王子城は、北条氏照が天正10年（1582）頃に築き始め、天正14年（1586）頃に、多摩川と秋川の合流点にある滝山城から移った。永禄12年（1569）に滝山城が武田信玄に三の丸まで攻め込まれ、落城寸前になったこと、甲州国境の小仏峠の守備が重要になってきたことなどが移転の理由と考えられる。

城は、城山川を堀として、深沢山の麓に政務をとる御主殿（ごしゅでん）、山頂（標高460m）に本丸があった。城山川に架かる曳橋（ひきばし）は敵が来たら落とせる構造で、山全体を城としていた。

八王子城は前田利家・上杉景勝・真田昌幸らの軍勢1万5千に攻められ、麓の曲輪から次々と陥落し、夕方には戦いは終わった。小田原北条氏の滅亡、八王子城跡は、徳川氏の直轄領、明治時代以降は国有林であったため、あまり人の手も入らず落城当時のままの状態で保存されていた。

八王子神社に由来する八王子城

平安時代の延喜16年（916）、深沢山で修行中の妙行（みょうこう）という僧の霊夢の中に牛頭天王（ごずてんおう）とその眷属神（けんぞくしん）（主神に付き従う神々）である8人の王子が現われた。そこで妙行は8人の王子を八王子権現として祀った。戦国時代の天正10年（1582）頃、北条氏照が深沢山に城を築いた時、八王子権現を城の守り神としたので、城は「八王子城」、城下の町は「八王子」と呼ばれるようになった。天正18年（1590）に八王子城が落城した後、城下の町は現在の甲州街道沿いの市街地に移されたため、もとの八王子は元八王子と呼ばれる。

中山勘解由家範の息子たち

照守（てるもり）と信吉兄弟は八王子城から逃れ、後に徳川家康に召し抱えられた。兄・照守は関ケ原の戦いの時の上田城（真田氏）攻めで上田七本槍と呼ばれるなど活躍し、鑓（やり）奉行などを歴任し、平山村（日野市）の領主となり、宗印寺（日野市平山）を創建した。また子孫は大名や旗本として幕末まで続いた。弟・信吉は家康の側近として仕え、11男・頼房の博役（もりやく）となり、慶長14年（1609）頼房が水戸藩主になると、補佐役として1万4千石の大名なみの家禄で附家老（つけかろう）となり、2代藩主に光圀を推挙するなど、水戸藩の基礎を築いた。

八王子城登城口

子城で討ち死にした中山勘解由家範（いえのり）と家範の孫で墓を建立した信治（のぶはる）の供養塔が並んでいる。また後方に並んでいるのは討ち死にした人々の墓という。

帰りのバスは土、日、祝日ならガイダンス館の隣のバス停「八王子城跡」から出る。バス停「霊園前・八王子城入口」から乗車するなら、途中の宗関寺に寄っていこう。宗関寺は、天正18年（1590）、八王子城の戦いで焼失し、その後に再建され、明治25年（1892）に現在地に移転したという。宗関は氏照の法名。現在の境内には、八王子城の遺構・横地堤が残っている。元禄2年（1689）北条氏照百回忌に水戸藩の附家老・中山信治（信吉の子で、常陸国・松岡藩主）が寄進した市指定文化財の「宗関寺銅造梵鐘」や「宗関寺、朝遊山の額」がある。

❻ 北条氏照の供養塔

❷ 宗関寺

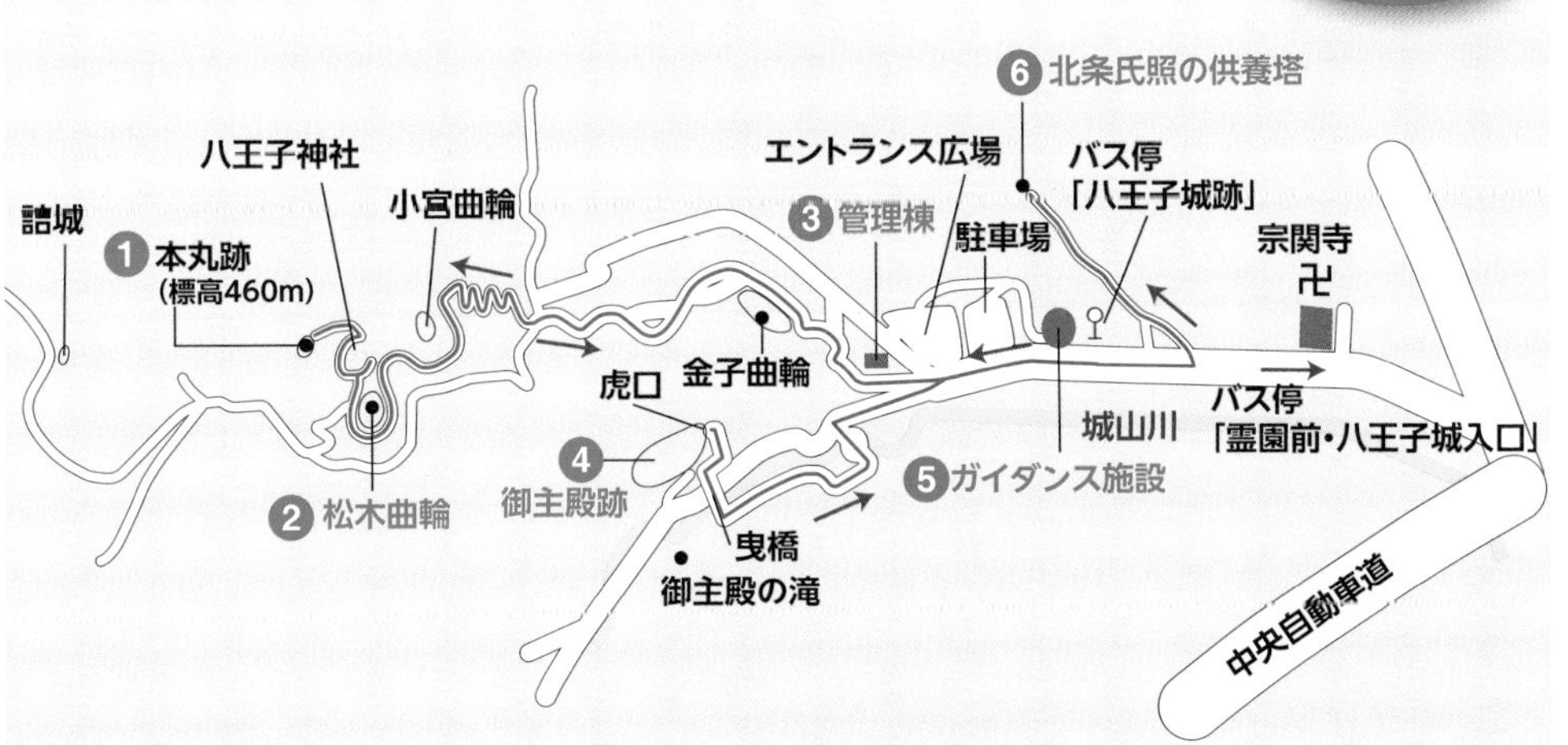

八王子城「フィールドインフォメーション」を参考に作成

埼玉

鉢形城（はちがたじょう）

荒川の断崖絶壁の丘陵上に築かれた城。
3月中旬〜下旬に氏邦桜と名付けられたエドヒガンが咲く

寄居駅の南口広場に出て南に900mほど歩くと、荒川に架かる正喜橋（しょうきばし）に出る。北詰から対岸に断崖絶壁が見える。段丘上が鉢形城跡である。鉢形城は西側に荒川、東側には荒川に注ぐ深沢川が流れた川に挟まれた立

① 笹曲輪

② 本曲輪の田山花袋碑

DATA

歩行距離……約4.2km　**歩行時間**……約2時間

所在地　埼玉県大里郡寄居町鉢形

参　考　国土地理院2万5000分の1地形図　寄居

【弁当のオススメ場所】鉢形城歴史館に隣接した大型休憩施設
【トイレ】鉢形城歴史館の中と外にある
【問合せ先】鉢形城歴史館：☎048-586-0315（入館料200円、70歳以上は無料）
【特記事項】正喜橋の北詰にコンビニエンスストアがある。弁当は持参した方が無難

四脚門

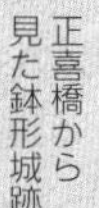
正喜橋から見た鉢形城跡

地にある。正喜橋を渡り、❶笹曲輪から荒川沿いの段丘の小道に入ると、荒川の断崖に背後を守られた❷本曲輪である。

質素な城址碑と田山花袋碑『襟帯山河好雄視す関八州。古城の跡空しく在り。一水尚ほ東流す』（筆は武者小路実篤）が建っている。本曲輪を散策したら、❸二の曲輪の空堀と土塁、❹三の曲輪の復原四脚門、復原石積土塁などを巡る。

❸ 二の曲輪の堀と土塁

❹ 三の曲輪・復元石積土塁と復元四脚門

コースと所要時間

スタート　JR八高線、秩父鉄道 東武東上線・寄居駅
↓ 0.9km 25分
❶ 笹曲輪
↓ 0.3km 10分
❷ 本曲輪
↓ 0.3km 10分
❸ 二の曲輪
↓ 0.4km 10分
❹ 三の曲輪
↓ 0.6km 15分
❺ 鉢形城歴史館
↓ 0.8km 20分
笹曲輪
↓ 0.9km 25分
ゴール　JR八高線、秩父鉄道 東武東上線・寄居駅

鉢形城小史

長尾景春が築城し、その後、山内上杉氏の拠点になった

鉢形城は、文明年間の中頃（1475年頃）山内上杉氏の家臣であった長尾景春によって築かれた。景春の父は、関東管領・山内上杉顕定の家宰職を務めていた。この父が死去した後、家宰職は景春が継ぐものと、誰しもが思っていたが、主君の顕定は、景春の勢力拡大を恐れ、家宰職を景春の叔父・長尾忠景に与えた。景春は、顕定を深く恨み、文明8年（1476）鉢形城を拠点に、反旗を翻した。

そのころ、顕定は、古河公方・足利成氏の討伐を将軍・足利義政から命じられ、扇谷上杉定正らとともに五十子陣（本庄市）に滞陣していた。景春は、この五十子陣を襲った。長尾景春の乱である。

しかし、文明10年（1478）に景春は、扇谷上杉定正の家宰・太田道灌に鉢形城を攻略された。景春が秩父に逃れると、鉢形城には顕定が入り、山内上杉氏の拠点になった。顕定の没後、鉢形城には、関東管領職を継いだ養子・顕実（足利成氏の次男）が入った。

永正9年（1512）、上野国守護で平井城（群馬県藤岡市）を本拠とする同じ養子の山内上杉憲房と、関東管領と山内上杉家当主の座をめぐって争い、鉢形城は落城した。関東管領には、憲房がなった。

北条氏邦が現在の規模に整備拡張した

34年後の天文15年（1546）、川越夜戦で北条氏康に大敗した扇谷上杉朝定は討死し、扇谷上杉氏は滅亡した。関東管領・山内上杉憲政は平井城に敗走し、古河公方・足利晴氏も古河に退

その後、深沢川を渡って、⑤鉢形城歴史館を見学する。弁当は、鉢形城歴史館の隣に建つ大型休憩施設で摂ろう。二の曲輪には、3月中旬～下旬に氏邦桜と名付けられたエドヒガンが咲くことで、知られている。同じ時期に咲く、カタクリの群落地でもある。

⑤ 鉢形城歴史館

二の曲輪のエドヒガン

二の曲輪のカタクリ

却した。

両上杉と足利公方の勢力が急速に衰え、北条氏の武威が高まると、武蔵各地の領主たちは、北条氏に臣従していった。鉢形城は山内上杉氏の重臣で天神山城（長瀞町）を居城とする藤田康邦（やすくに）が管理していたが、康邦は北条氏に服従し、氏康の4男・氏邦を女婿に迎え城主とし、鉢形城は北条氏の領国へ取り込まれていった。氏邦は永禄7年（1564）に天神山城から鉢形城へ入城し、城を整備拡充し、北条氏の北関東支配の拠点とした。

前田利家、上杉景勝勢に包囲され開城

天正18年（1590）、豊臣秀吉の小田原攻めの際、北条氏の重臣で、小田原城籠城を主張する松田憲秀（まつだのりひで）と意見が合わなかった氏邦は、小田原城に籠城せず、3千3百の兵で鉢形城を守った。ほかに、沼田城代の猪俣範直（のりなお）も3百の兵を率いていた。配下の軍団は在郷の地侍層を中心とした半農半武士たちであった。城は前田利家、上杉景勝ら3万5千の兵に包囲され、1ヶ月ほど籠城したが、食糧も欠乏した。

鉢形城の開城に当たっては、かつて袂を分かった前城主・藤田康邦（やすくに）の次男で、上杉景勝に仕えていた武将・藤田信吉が見かねて城中へ使者を送り、旧領を保証しようと申し出たが、氏邦は、「本家の危機のときに、自分1人が生きようとは思わない。兵士の命に代えて自決したい」と答えたという。兵士たちを逃し、氏邦は正龍寺に入って剃髪した。鉢形城は廃城となり、徳川氏が直轄地として支配した。氏邦は前田利家に預けられ、能登（石川県七尾市）に千俵の知行地を与えられ、17年後に生涯を終えた。

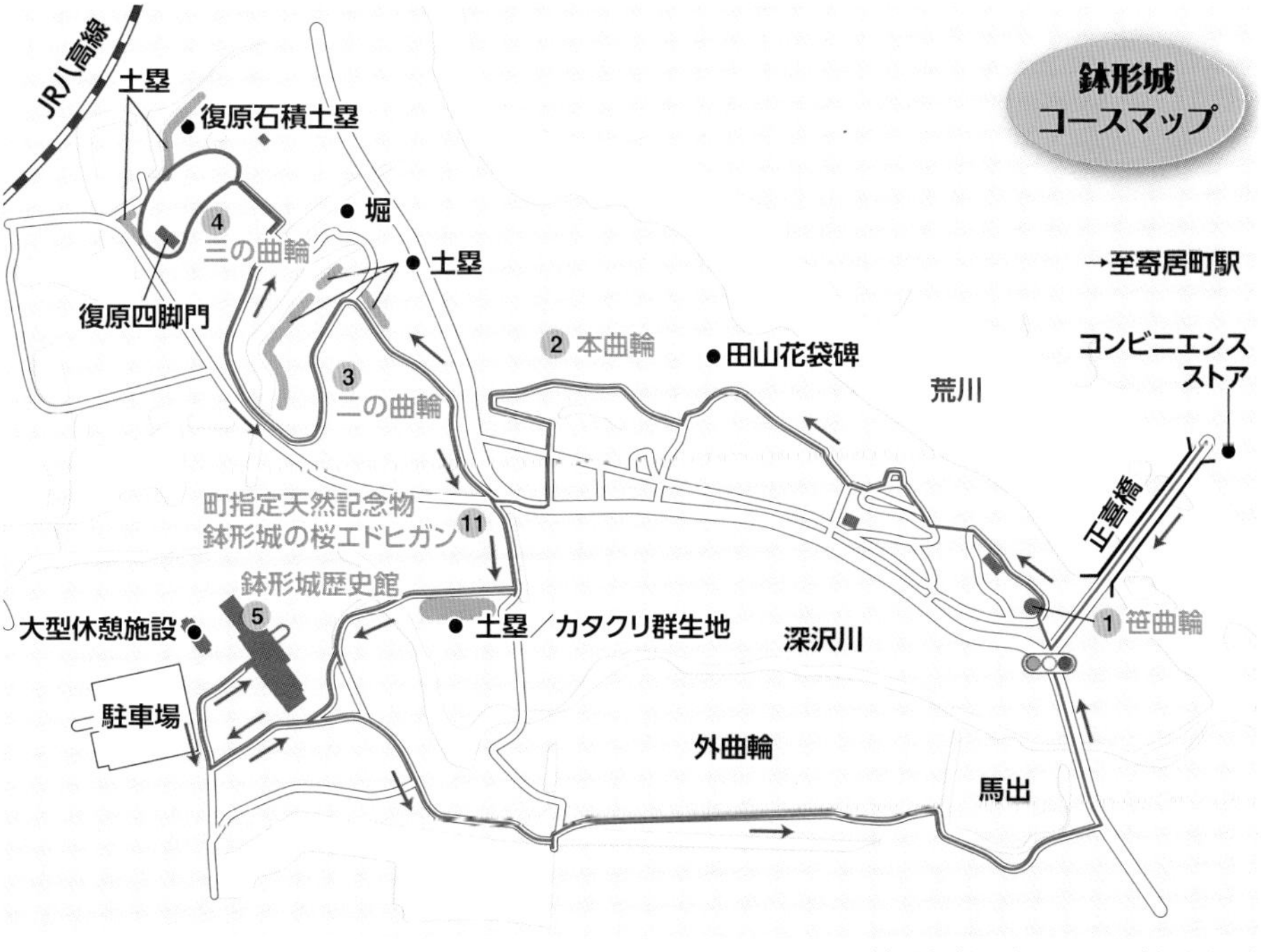

地図参考：寄居町 HP（史跡範囲）

小倉城（おぐらじょう）

結晶片岩の岩山に築かれた城。郭3、郭1には厚さ10cmほどの結晶片岩が累々とした箇所も

田黒バス停から、少し戻り十字路を左（西）に折れ、舗装された緩やかな坂道を行く。郭4から入る小倉林道登り口の道標を過ぎると、右手に小倉城跡駐車場の案内が出てくる。百万遍供養塔が建つ細い道の正面が❶大福寺。かつてこの平場には居館や根小屋が置かれていた。小倉城跡への登り口は、従来から歩かれていた小倉林道からの登城口、ここで紹介する大福寺登城口、さらに北の日枝神社を経由する3本がある。大福寺の登り口はもともとの登城口ではないが、現在では最も歩かれている。駐車場があり、男女共用の簡易トイレが1つ置かれているからだ。ひと休みしたら、本堂の右手から山道を登る。

しばらく登り、切岸を目前にして左手の小道に入ると、❷郭

❶ 百万編供養塔が建つ細道の先に大福寺

DATA

歩行距離……約4km　**歩行時間**……約2時間

所在地　埼玉県比企郡ときがわ町大字太黒

参　考　国土地理院2万5000分の1地形図　武蔵小川

【弁当のオススメ場所】郭1（本郭）か郭2
【トイレ】大福寺の簡易トイレを借りる
【特記事項】・行きのバスは、平日は9:34、12:05。土日祝日は9:49、12:01発になる（23年5月現在）
・帰りのバスは、田黒🚏12:23、14:24、16:32。土日祝日14:11、16:28
【問合せ先】・ときがわ町教育委員会生涯学習課：☎0493-65-2656
・ときがわ町路線バス（イーグルバス都幾川営業所）：☎0493-65-3900

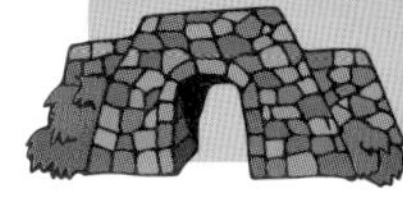

３（出郭）東面の結晶片岩の石積に出会う。崩落の危険のため土嚢で応急処置がとられていて、直下まではいけない。郭３を囲む石積は、高さ５ｍもある箇所もある。小倉山城は、山全体が岩山のため、城の造成時に発生した大量の石材を使用して石垣を組んでいる。

元に戻って、切岸に沿って、左に入ると、郭３と郭１（本郭）を分ける堀切（幅７ｍ、深さ３ｍ）に出る。この堀切には橋が架けられていたという。郭３に入り、西の虎口を出ると、南面から東面にかけて厚さ10㎝前後の結晶片岩が累々と積まれている。郭３のほか郭１の外周にも石積が見られ、総延長約１００ｍという。この景観は他の城跡にはない見所だ。

郭３を出て東虎口を通って❸郭１（東西約90ｍ×南北約40ｍ）に入る。北側に史蹟小倉城跡碑と史跡を説明する碑が並んで建っている。その背後は一段高い平場になっている。下段から

❷ 郭３東面の結晶片岩の石積

❸ 郭３（左）と郭１（右）の間の堀切

❸ 郭１東虎口

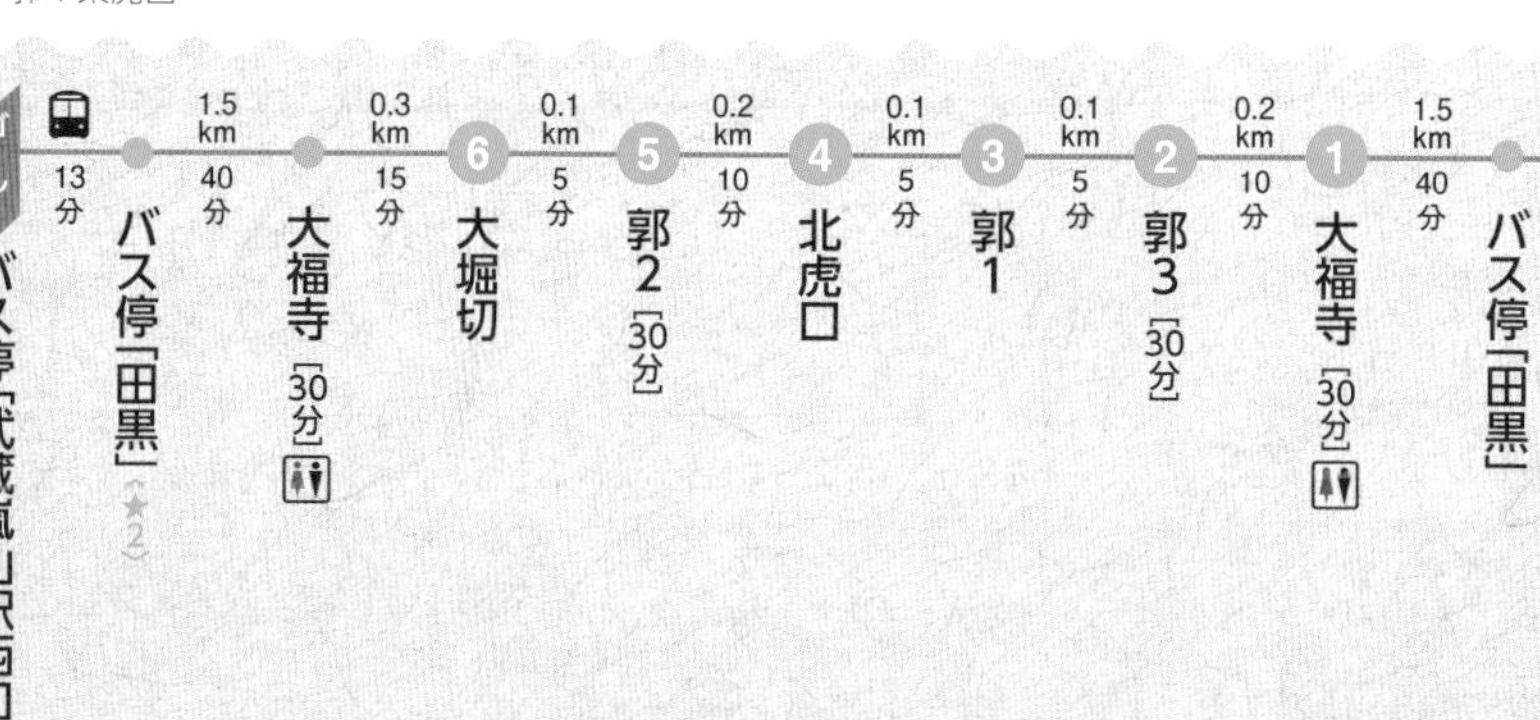

コースと所要時間

スタート　バス停「武蔵嵐山駅西口」〈★1〉
↓ 1.5km　40分
バス停「田黒」
↓ 0.2km　10分
❶ 大福寺［30分］
↓ 0.1km　5分
❷ 郭３［30分］
↓ 0.1km　5分
❸ 郭１
↓ 0.1km　5分
❹ 北虎口
↓ 0.2km　10分
❺ 郭２［30分］
↓ 0.1km　5分
❻ 大堀切
↓ 0.3km　15分
大福寺［30分］
↓ 1.5km　40分
バス停「田黒」〈★2〉
↓ 13分
ゴール　バス停「武蔵嵐山駅西口」

〈★1〉9:49着（イーグルバス・せせらぎセンター行10分・220円）
〈★2〉14:11（イーグルバス13分・220円）

は、４棟の建物が発掘されている。④北虎口を下ると桝形状虎口があり、こちらが大手口と考えられている。郭１に戻り、南虎口を出て⑤郭２（東西75ｍ×南北40ｍ）に入る。

西端に一段高く平場が築かれ櫓台があったという。櫓台の西下の⑥大堀切を確認したら、大福寺登城口へ戻る。

③ 郭１に建つ小倉城址碑

③ 郭１の南虎口

④ 郭１の北虎口、結晶片岩が崩落している

⑥ 郭２の櫓台の西下に大堀切

⑤ 郭２は広い、一段高い平場は櫓台

小倉城小史

小倉城跡は、外秩父の山地と関東平野の境界にあって、槻川（つきがわ）が大きく屈曲し、張り出した標高１４２・９ｍの丘陵上にある。東側には、城跡より高い正山１６４・８ｍと大平山１７８ｍがあり、さらに東方には菅谷館、杉山城、高見城などがある鎌倉街道上道。戦国期には重要性を増した現在の八高線沿いの「山の辺の道」（八王子城～鉢形城を結び上州へ抜ける）の中間に位置している。

城主は『新編武蔵風土記稿』では、後北条氏の重臣・遠山氏とし、『武蔵志』では遠山氏とも、天文16年（１５４７）以降に後北条氏の家臣になった上田氏ともいう。

城の規模は南北３６０ｍ、東西１１０ｍ。結晶片岩の岩山に築かれている城で、郭３外面、郭１の土塁内裾や虎口回りなどに見られる石積が特徴。天正18年（１５９０）豊臣秀吉の小田原攻めのとき、落城した。

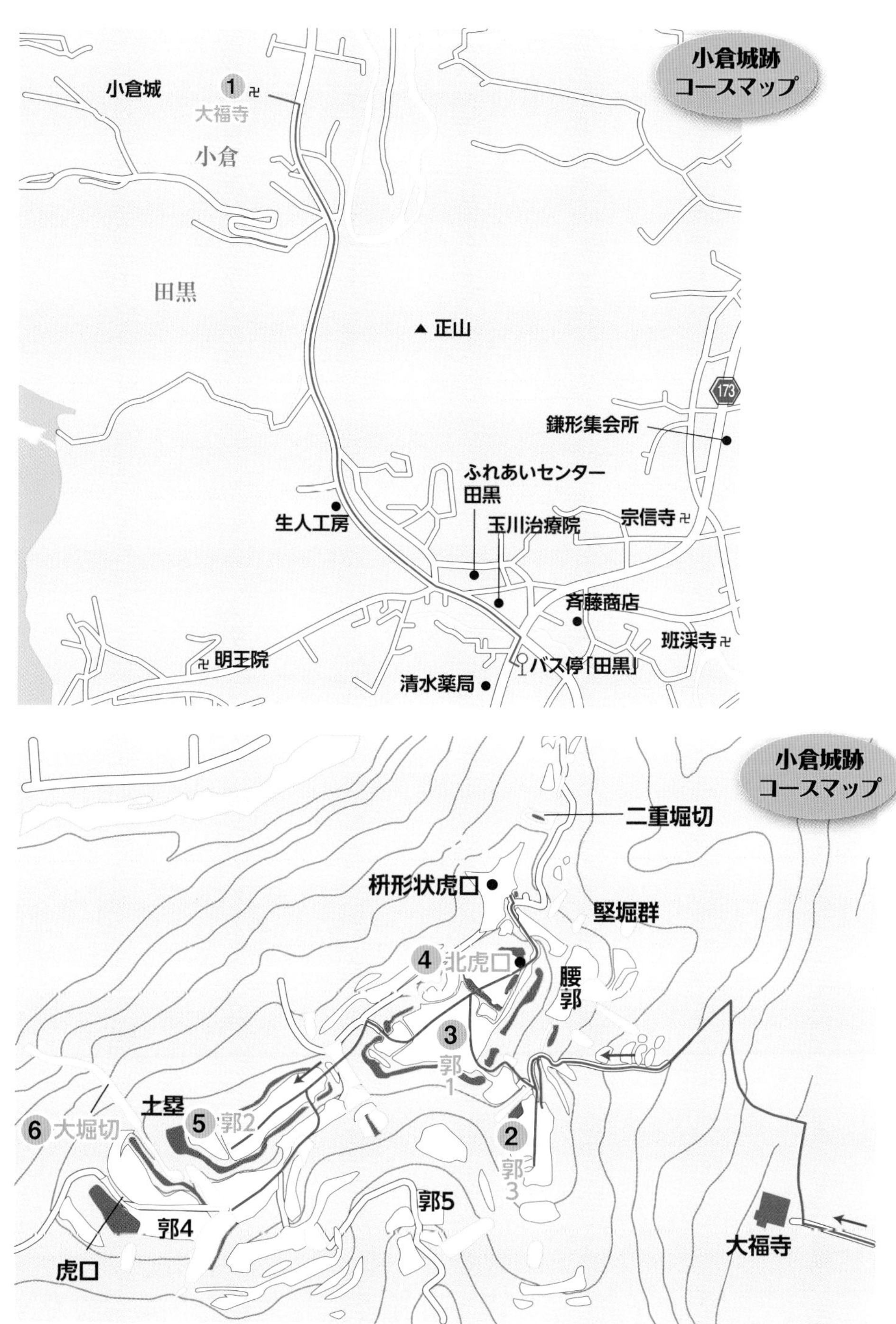

出典：小倉城跡現地案内板を参考に作成

埼玉

菅谷城

長享の乱（1487〜1505）のとき、山内上杉顕定が河越城の扇谷上杉定正を抑えるため再興した城か

武蔵嵐山駅西口から南に歩き、嵐山駅入口を左折し、すぐガソリンスタンドを右折して、菅谷小と菅谷中の間の道を行くと国道254号バイパスに出る。道の向かいが菅谷城である。城の前のバイパスの地は、かつて自然の谷を利用してつくった泥田堀で、外堀の役目を果たしていた。北側にある①**搦手門跡**から入ると、三ノ郭跡に建つ②**埼玉県立嵐山史跡の博物館**。入館料は100円。

城は南に都幾川を望む台地上に築かれ、総面積は約13万㎡。本郭を中心に、西ノ郭、三ノ郭、二ノ郭、南郭の4つの郭が扇形に配置され、土塁と空堀で囲まれている。三ノ郭では、発掘調査で建物跡や井戸跡（窪地）が確認され、杭が建物跡の柱を表現している。

北に向かい、二ノ郭を通って堀を越えると③**本郭**。東西約150m、南北約60mの広さ。本郭の土塁の幅は15m以上もあり、底からの高さは9mもある。北側の土塁のほぼ中央には出枡形（凸状の張り出し）土塁が築かれている。本郭に入る敵に「横矢」（側面攻撃）を掛けるため、本郭を取り巻く土塁の一部を枡形に飛び出させたもの。

南に下ると④**南郭**。ほかの郭より一段低く面積も東西約110m、南北約30mと最も狭く、二等辺三角形のような地形。西に歩き、水の手虎口を通って

② 埼玉県立嵐山史跡の博物館

③ 三ノ郭建物跡

DATA

歩行距離……約4km　**歩行時間**……約2時間

所在地　埼玉県比企郡嵐山町大字菅谷字城

参考　国土地理院2万5000分の1地形図　武蔵小川

【弁当のオススメ場所】各郭に置かれたベンチか、二ノ郭のあずま屋を利用する

【トイレ】嵐山史跡の博物館を利用する

【特記事項】・続日本100名城のスタンプは、嵐山史跡の博物館の展示室受付にある

【問合せ先】埼玉県立嵐山史跡の博物館：☎0493-62-5896

二ノ郭虎口

都幾川（ときがわ）を見下ろせる5二瀬橋を往復したら、本郭の西端の土塁を登ると、本郭の北側と西側を取り囲むように造られた6二ノ郭。あずま屋があり、西側に忠魂祠が建っている。折りが造られている堀と本郭の土塁に沿って歩くと、目立つのが本郭の出桝形土塁。北側には、昭和4年（1929）に地元の有志が建てた7畠山重忠像がある。

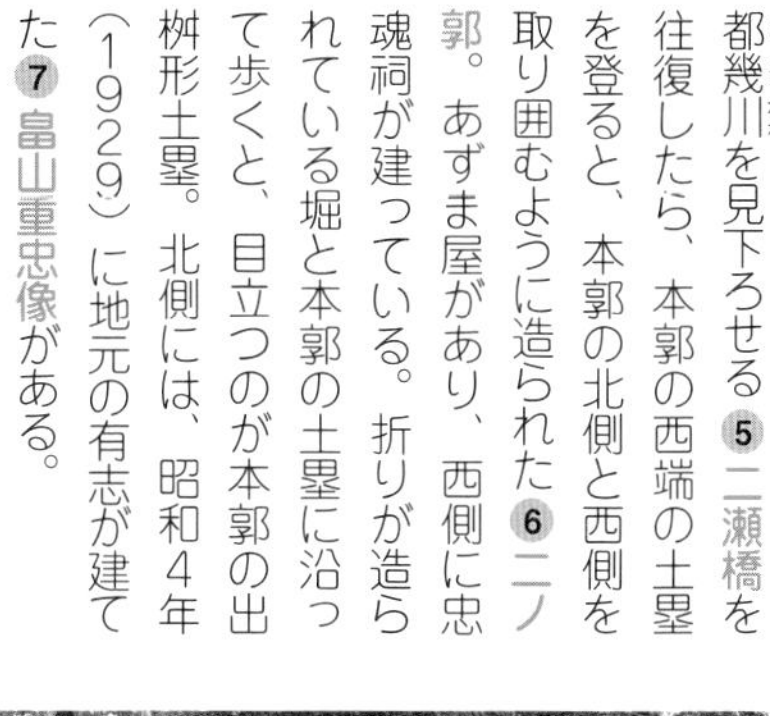

3 出桝形土塁手前と本郭の土橋

4 南郭

5 都幾川

6 二の郭・あずま屋

7 二ノ郭・畠山重忠像

コースと所要時間

- スタート 東武東上線武蔵嵐山駅
- 0.9km 25分
- 1 搦手門跡
- 0.1km 5分
- 2 嵐山史跡の博物館［30分～60分］
- 0.2km 5分
- 3 本郭〈出桝形土塁〉
- 0.2km 5分
- 4 南郭
- 0.3km 10分
- 5 二瀬橋〈都幾川〉
- 0.3km 10分
- 6 二ノ郭〈あずま屋［30分］〉
- 0.2km 5分
- 7 二ノ郭・畠山重忠像
- 0.3km 10分
- 8 三ノ郭〈正坫門跡、蔀土塁、復元木橋〉
- 0.1km 5分
- 9 西ノ郭
- 0.4km 10分
- 嵐山史跡の博物館
- 1.0km 25分
- ゴール 東武東上線武蔵嵐山駅

8 三ノ郭は東西約260m、南北約130mもある一番広い郭。三ノ郭から西ノ郭の間の正坫門跡には、昭和56年（1981）に復元された木橋が架っている。木橋は防御のため外側（西ノ郭）から内側（三ノ郭）に向かって上り坂になっている。また西ノ郭から三ノ郭が見通せないように「蔀土塁」が築かれている。蔀とは衝立のこと。蔀土塁は、目隠しのための土塁である。木橋を渡ると東西約130m、南北約70mの広さを持つ 9 西ノ郭。

正坫門跡に復元された木橋

蔀土塁

9 西ノ郭

菅谷城小史

この地は、源頼朝の御家人の畠山重忠が文治3年（1187）ごろ、居住していたと伝えられる。執権北条氏（北条時政を初代とする鎌倉時代の北条氏。北条早雲を初代とする後北条氏ではない）の謀略で討たれた二俣川の戦い（横浜市）の際に元久2年（1205）、「小衾郡菅谷館を立つ」（『吾妻鏡』）と記され、重忠が菅谷館から鎌倉に向かったことがわかる。しかし、畠山重忠時代の遺構はなく、現在見られる遺構は、戦国時代のものである。

山内上杉氏と扇谷上杉氏が争った長享の乱（1487～1505）では、比企地域が戦いの中心地になった。中でも、長享2年（1488）に起こった扇谷上杉定正が古河公方足利成氏、政氏親子、長尾景春と結び、山内上杉氏の領域に侵攻した須賀谷原の合戦は、死者7百余、馬も数百頭が死んだという激しい戦いであった。主家・扇谷上杉氏に父・太田道灌を謀殺された嫡子・資康は、山内上杉氏につき戦った。新田家純（群馬県の金山城を築いた岩松家純）に近侍した陣僧・松陰が、須賀谷原の合戦の後、家純に「扇谷上杉氏の拠点・河越城に対し、山内上杉方としては、須賀谷の旧城を復興して鉢形城の守りを固める」ようと進言したといわれる。山内上杉顕定は、扇谷上杉氏の拠点である河越城の抑えとして「須賀谷旧城」を再興した。この須賀谷の旧城が菅谷城であるという。

本郭北側の堀跡

嵐山駅から菅谷城

武蔵嵐山駅
START
GOAL
嵐山駅入口
嵐山書房
ガソリンスタンド
菅谷神社
菅谷小
菅谷中
大妻嵐山高校入口
嵐山史跡の博物館

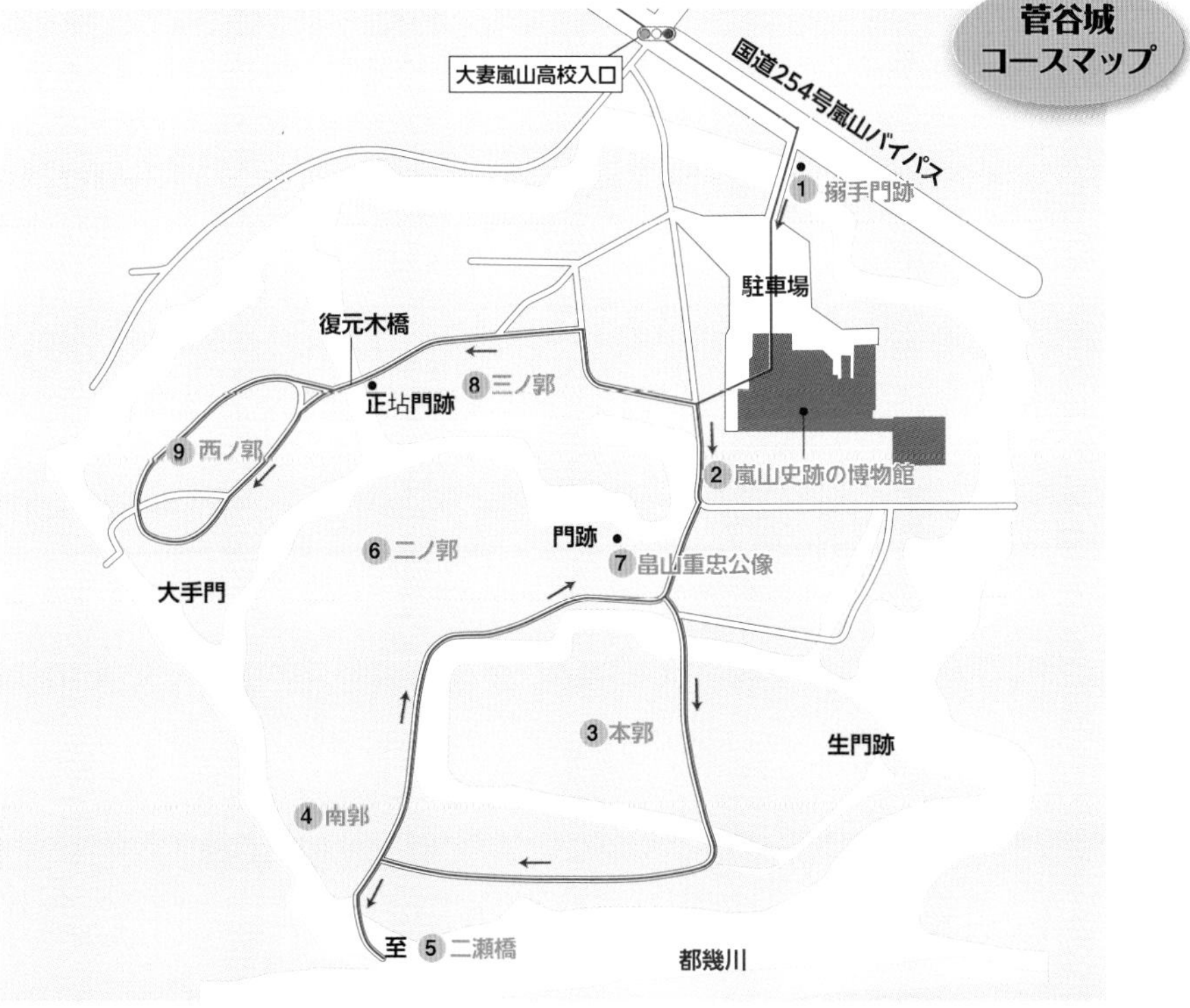

菅谷城コースマップ

大妻嵐山高校入口
国道254号嵐山バイパス
1 搦手門跡
駐車場
復元木橋
8 三ノ郭
正坫門跡
9 西ノ郭
2 嵐山史跡の博物館
門跡
6 二ノ郭
7 畠山重忠公像
大手門
3 本郭
生門跡
4 南郭
至 5 二瀬橋
都幾川

出典：埼玉県立嵐山史跡の博物館ホームページ掲載の『菅谷館跡図』を参考に作成

埼玉

武州松山城（ぶしゅうまつやまじょう）

北条氏康、武田信玄、上杉謙信らの激しい城取合戦が繰り広げられた

① 岩室観音堂

② 吉見百穴

松山城は、埼玉県のほぼ中央に位置する比企丘陵の東端、丘陵の先端部に築かれ、三方を荒川の支流の市野川に囲まれた要害の地にある。城の東および南の一帯は、度重なる市野川の氾濫によって形成された広大な低湿地帯が続き、東は荒川に達する。西方は、外秩父山系の丘陵地帯である。北東側は、丘陵続きで防御性が劣るが、ここには、家臣たちが居住した根古屋集落があった。

曲輪の配列は、本曲輪、二ノ曲輪、三ノ曲輪、曲輪四が南西から北東に向かって並ぶ連郭式で、周囲は規模の大きな空堀と堀切が取巻き、南側の斜面には、竪堀も認められる。堀の面積は城の領域の二分の一強を占める。

百穴入口バス停で下車し、市野川橋を渡って松山城の裾を左折する。江戸時代に再建された①岩室観音堂にお参りし、②吉見百穴の見学と食事を摂った後、城跡に沿う坂を上り、北側に回る。ここが③根古屋口。付近一帯から北東は根古屋といい、足軽屋敷があった所である。荒れたままの畑の中の道に入る。すぐ道は左折し、正面の腰曲輪に登る細い道を見送って、右折し平地を行く。

惣曲輪は、松山城で最も広い曲輪で、北側は、断崖絶壁でその先には市野川が流れている。惣曲輪の西側の竪堀は、入り江状の谷が大きく入り組んでいる。

DATA

歩行距離……約 4.5km　歩行時間……約 2 時間 10 分

所在地　埼玉県比企郡吉見町大字北吉見

参考　国土地理院 2 万 5000 分の 1 地形図 東松山

【弁当のオススメ場所】吉見百穴（ひゃくあな）にある吉見町埋蔵文化財センター裏の芝生広場。トイレもある

【特記事項】・吉見百穴は、古墳時代末期（6 世紀末～7 世紀末）に造られた横穴墓で、国の史跡。219 基が現存している。
・往路の鴻巣駅西口行のバスは、平日・休日ともに 2 ～ 3 本／時間がある。帰りの東松山駅行も同様だが、歩いて帰るようにした。

【問合せ先】・吉見町埋蔵文化センター：☎ 0493-54-9111
・川越観光自動車（バス）：☎ 0493-56-2001

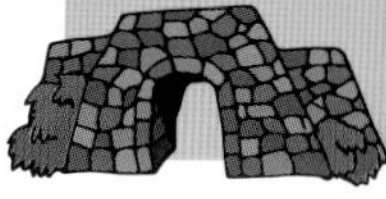

ここが城の搦手口という。眼下には岩室観音堂の屋根が見下ろせる。道は入り江状の谷の詰を回り込み、西側の腰曲輪の横を通って兵糧倉（通称）に出る。兵糧倉は、本曲輪の北西を防御する曲輪で、東西20m、南北45mほどの広さ。空堀を越えて登ると本曲輪に出る。

④**本曲輪**は、標高58mの平地。周辺の低地部分の標高は15mほどなので、比高差は約43m。本曲輪の広さは東西50m、南北40m。東北部に幅18m、長さ25mの突起部があり、物見櫓と推定されている。ここに大きな松山城址碑が建っていたが、草むらに倒れたままだ。復興はいつだろう。本曲輪の西方も南方も、急峻な崖で、南方の崖下には、地図上に井戸か池らしきものがある。東方は、急峻な崖下の幅5～8mを持つ堀を隔てて、二ノ曲輪である。

本曲輪の物見櫓を包み込むよ

③ 根古屋口

本郭の北西を防御する兵糧倉

搦手口

本曲輪と二ノ曲輪の間の空堀

④ 本曲輪跡

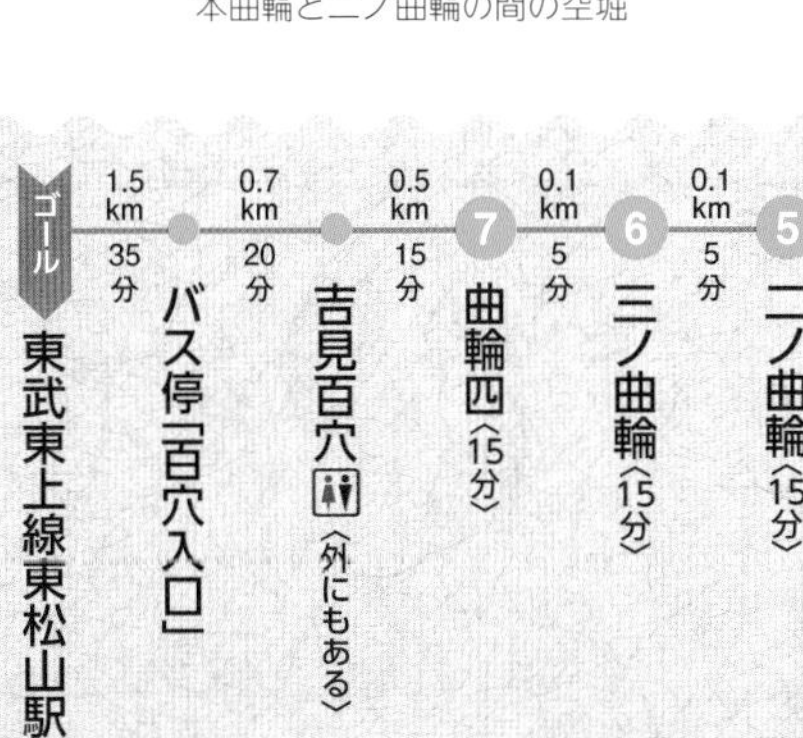

コースと所要時間

- スタート　東武東上線東松山駅　バス停③〈★1〉
- 5分
- バス停「百穴入口」
- 0.3km　10分
- ① 岩室観音堂〈15分〉
- 0.4km　10分
- ② 吉見百穴〈45分・弁当・トイレ〉〈★2〉
- 0.3km　10分
- ③ 根古屋口
- 0.5km　15分
- ④ 本曲輪〈15分〉
- 0.1km　5分
- ⑤ 二ノ曲輪〈15分〉
- 0.1km　5分
- ⑥ 三ノ曲輪〈15分〉
- 0.1km　5分
- ⑦ 曲輪四〈15分〉
- 0.1km　5分
- 吉見百穴　トイレ〈外にもある〉
- 0.5km　15分
- バス停「百穴入口」
- 0.7km　20分
- ゴール　東武東上線東松山駅
- 1.5km　35分

〈★1〉川越観光自動車鴻巣免許センター線鴻巣駅西口行5分

〈★2〉入場料300円

⑥ 三ノ曲輪

うなコの字型の堀は松山城で最も大きな空堀で、高低差は最大で9mもある。⑤二ノ曲輪は、東西60m、南北64mの広さを持ち、本曲輪より1mほど低い。曲輪内は平坦地だが、東北の肩部には1mほどの盛り上がりがある。三ノ曲輪へは、空堀内の土橋状の遺構を通る。

⑥三ノ曲輪も、二ノ曲輪を包み込む形で造られている。東西18m、南北60mの細長い曲輪である。南側には馬出曲輪などがあり、下段の虎口につながるという。武蔵丘短大辺りはかつて広大な外曲輪が存在し「御林」と呼ばれていた。大手口は武蔵丘短大のあたりとみられるが、わかっていない。なお、北部では土橋を通じて長さ50m、幅10mの二ノ曲輪北側の腰曲輪へ通じている。この曲輪からさらに

一番広い惣曲輪

武州松山城小史

松山城は、応永6年(1399)に扇谷上杉氏の家臣・上田友直によって築かれたと伝えられているが、友直については記録もなく、詳細は不明である。

天文6年(1537)、扇谷上杉朝定は、北条氏綱に敗れ、河越城から松山城に逃れた。押し寄せた北条勢を扇谷上杉家の重臣で松山城主の難波田憲重が防いで落城を免れ、松山城は河越城を失った朝定の居城となった。

天文14年(1545)、河越城の奪還を目指した朝定は、山内上杉憲政、古河公方足利晴氏と連合して北条綱成の守る河越城を攻めたが、北条氏康の夜襲に遭い大敗北を喫し、朝定は難波田憲重親子と共に討死し、扇谷上杉氏は滅亡した。この時、上田政広(朝直の父)は、わずか9騎で松山城へ落ちた。北条勢は松山城に攻め寄せ、政広は上田氏の本拠の安戸城に落ち、松山城は北条氏康の手に渡った。上田氏の支配域は、松山城から青鳥城、青山城、中城、腰越城などを経由し、東秩父村の安戸城が西端である。

間もなく、政広は、難波田憲重の婿であった上杉方の岩槻城主の太田資正の援軍を得て松山城を奪回した。本曲輪は太田氏の家臣が、二ノ曲輪は政広が守っていたが、翌、天文16年(1547)、北条氏が攻めてきたとき、北条氏から所領を安堵されていた政広が二ノ曲輪に北条勢を引き入れたので、松山城はあっけなく落城し、再び北条方の城になった。

永禄4年(1561)、上杉謙信は、9万の大軍で松山城を攻め、敗れた城主上田朝直は、安戸城に退いた。謙信は太田資正に松山城を守らせたが、翌、永禄5年(1562)、北条氏は武田信玄の援軍を得て5万5千の兵で松山城を攻めた。松山城は再び、朝直の居城となる激しい城取合戦が繰り返された。

天正18年(1590)、豊臣秀吉の小田原攻めのときに落城し、上田氏も滅亡した。徳川家康の関東入国後、松平家広が居城したが、跡を継いだ弟の忠頼が慶長6年(1601)に浜松城主に転封になると廃城になった。

北側に下ると、惣曲輪である。東側に南北方向に堀切があり、ほぼ中央の土橋から曲輪四に通じる。この堀切は、北西部で根古屋虎口とつながっていて、城内外を区分する大堀切である。

⑦曲輪四は、現存する松山城跡の東端の曲輪である。東西35m、南北36mのほぼ方形で、西側には幅5mの土塁状の段差がある。帰路は、根古屋口を経由し、百穴入口バス停へ戻る。東松山駅へのバスは1時間に2〜3本あるが、1.5㎞ほどなので、歩いてみよう。百穴前交差点を西へ道なりに歩いて行けばいい。

⑦ 曲輪四の土塁

武州松山城コースマップ

至 ②吉見百穴
③根古屋口
惣曲輪
土塁
虎口
腰曲輪
①岩室観音堂
腰曲輪
空堀
搦手口
掘切
⑦曲輪四
腰曲輪
腰曲輪
⑥三ノ曲輪
竪掘
腰曲輪
至 百穴入口バス停
兵糧倉
腰曲輪
⑤二ノ曲輪
腰曲輪
馬出し
④本曲輪
太鼓曲輪
笹曲輪
井戸跡
腰曲輪
竪掘

出典：松山城跡案内図を参考に作成

埼玉

花園城（はなぞのじょう）

花園城主・藤田康邦は、北条氏康の3男氏邦を女婿に迎えた。その後、氏邦が鉢形城に入ると、花園城は鉢形城の支城として機能した

① 正龍寺・藤田康邦の墓

花園城は、登山者たちに人気がある鐘撞堂山329・8mの南に張り出した尾根の先端にある。

荒川を見下ろす標高200mの山城である。

寄居駅南口をスタートし、線路に近い道を歩いていくと寄居小学校前の県道に出る。切通しになった谷底を走る八高線を渡り、東上線の踏切を渡り、さらに国道140号を潜る。北に歩くと①正龍寺（曹洞宗）がある。本堂の大棟に藤田家の「上り藤」と北条家の「三つ鱗」紋が付けられている。墓地の上の方には、藤田康邦夫妻と、北条氏邦夫妻の宝篋印塔を収めた霊廟がある。山門を出たら一つ目の角を右に入り道なりに歩くと藤田家の菩提寺の②善導寺に着く。浄土宗の道場で、藤田檀林と呼ばれていた名刹。本堂にお参りした後、トイレ休憩（東屋がある）してから、花園城に向かう。本郭と善導寺の比高差は90mである。線路に沿って少し西側に歩いた右手に小さな③諏訪神社があり、拝殿の右手に登山道がある。

④花園城は私有地であるため、発掘調査が行われていない。雑木の伐採や下草狩り、登山道の整備もされていないので、雑草が茂る時期に訪れるのは避けたい山だ。雑木が茂る山林の中を西に巻いていき、竪堀に出会ったら、この竪堀を北に直登する。二の郭と三の郭の間の竪堀で、

DATA

歩行距離……約5km　**歩行時間**……約3時間30分

所在地　埼玉県大里郡寄居町末野字城山

参考　国土地理院2万5000分の1地形図　寄居

【弁当のオススメ場所】本郭

【トイレ】往復の道沿いにある善導寺のトイレを借りる

【特記事項】花園城は私有地であるため、雑木の伐採や下草狩りなど登山道の整備がされていないので、雑草が茂る時期は避け、12月～3月が適切。防虫対策は必要

【問合せ先】

・寄居町生涯学習課文化財班　☎048-581-2121（内線533）

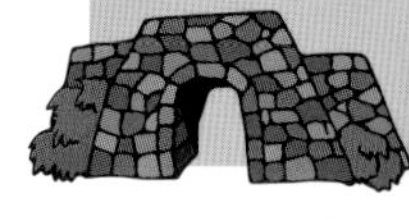

花園城最大の竪堀を登る。落葉の季節は枯葉が積もっていて滑りやすい。枯葉の下の状態がわからないので、実に歩きにくい。二重堀が所々に見られる。土留め用の低い石垣（緑泥片岩）にも出会う。竪堀を詰めていくと、二の郭と三の郭の堀切となり、北斜面が急傾斜で下る。左（西）に登ると、草深い二の郭である。東西約27m、南北約15mの広さを持つという。TVアンテナ脇を西に歩くと二の郭と本郭間の岩盤を深く掘り込んだ険しい堀切に出る。かつては木橋が架かっ

2 善導寺・本堂

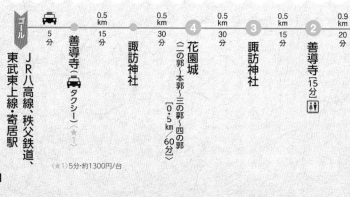

3 諏訪神社

コースと所要時間

スタート　JR八高線、秩父鉄道、東武東上線・寄居駅
1.7km 40分
1 正龍寺〈藤田康邦夫妻、北条氏邦夫妻の墓15分〉
0.9km 20分
2 善導寺［15分］
0.5km 15分
3 諏訪神社
0.5km 30分
4 花園城〈二の郭～本郭～三の郭～四の郭［0.5km／60分］〉
0.5km 30分
諏訪神社
0.5km 15分
善導寺（タクシー）〈★1〉
5分
ゴール　JR八高線、秩父鉄道、東武東上線・寄居駅

〈★1〉5分・約1300円/台

ていたというが現在はないので、右端の細い岩場を注意しながら登る。

本郭は、東西約60m、南北約15m。平場に高低差があり、北側の高い平場を西に歩くと、林の中に「花園城跡碑」（昭和49年建立）が建っている。昼飯はこのあたりがいいだろう。周囲は深い堀が巡り、西側に下ると竪堀が見られる。南北の平場の境には、緑泥片岩を平積みした石組みの遺構が見られる。

帰路は、三の郭（東西約31m、南北約15m〜30mの広さ）と東の郭（四の郭）まで歩き地形を確認したら戻って、往路に登った二の郭と三の郭の間の竪堀を下る。帰路は善導寺でタクシーを呼び、寄居駅に戻る。

4 二の郭と三の郭の間の竪堀

二の郭　テレビアンテナが建つ

花園城小史

平安時代末期、武蔵七党の一つの猪俣党の猪俣政家の子政行は藤田郷に住んで、藤田姓を称した。居城としていたのが花園城といわれる。その後、戦国時代の天文年間（1532〜54）に、15代目の藤田康邦が天神山城（秩父郡長瀞町）を築いて居城を移してからも藤田氏の城（天神山城の支城）として存続した。

藤田康邦が城主の時、武蔵支配を確立した北条氏康に降伏し、山内上杉氏を離れて北条氏康の3男氏邦を長女大福御前の婿に迎えた。康邦は、天神山城と花園城を氏邦に譲り、長子重連、次男重信を連れて用土城（大里郡寄居町）に退き、用土新左衛門と改名した。花園城は、北条氏時代には、鉢形城の支城として、秩父谷への街道を抑える機能を果たしていたようだ。花園城の南、荒川左岸の段丘には藤田氏館跡というところがある。国道140号沿いには、本宿や拾人小路（じゅうにんこうじ）（字名）などの地名が残り、藤田氏支配の中心地ではという説もある。

氏邦は、永禄7年（1564）に、鉢形城（大里郡寄居町）を整備して天神山城から居城を移したが、天正18年（1590）6月、前田、上杉勢を主体とする5万の軍勢に囲まれて降伏し、鉢形城を開城した。この時花園城（この時の城主は康邦3男の用土新左衛門）も降伏し、開城したと思われる。氏邦は、前田利家にお預けとなり、能登の太田村に千俵の知行地を宛がわれたが、慶長2年（1597）に能登で没した。

花園城・本郭

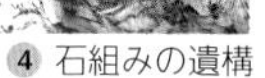

4 石組みの遺構

4 本郭に建つ花園城跡碑

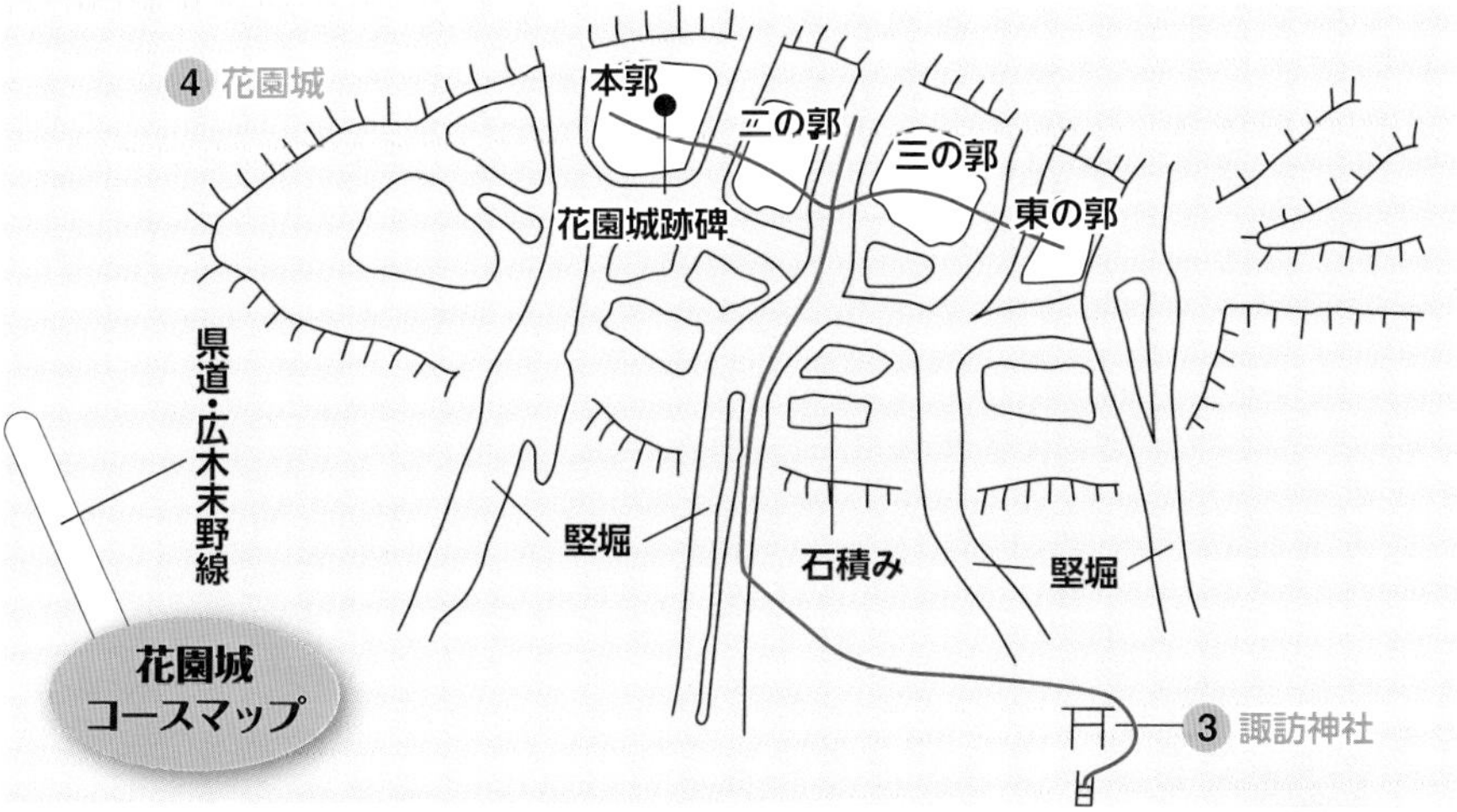

花園城コースマップ

4 花園城
本郭
二の郭
三の郭
東の郭
花園城跡碑
県道・広木末野線
堅堀
石積み
堅堀
3 諏訪神社

著者：内田栄一・元図作画制作：湯沢宏

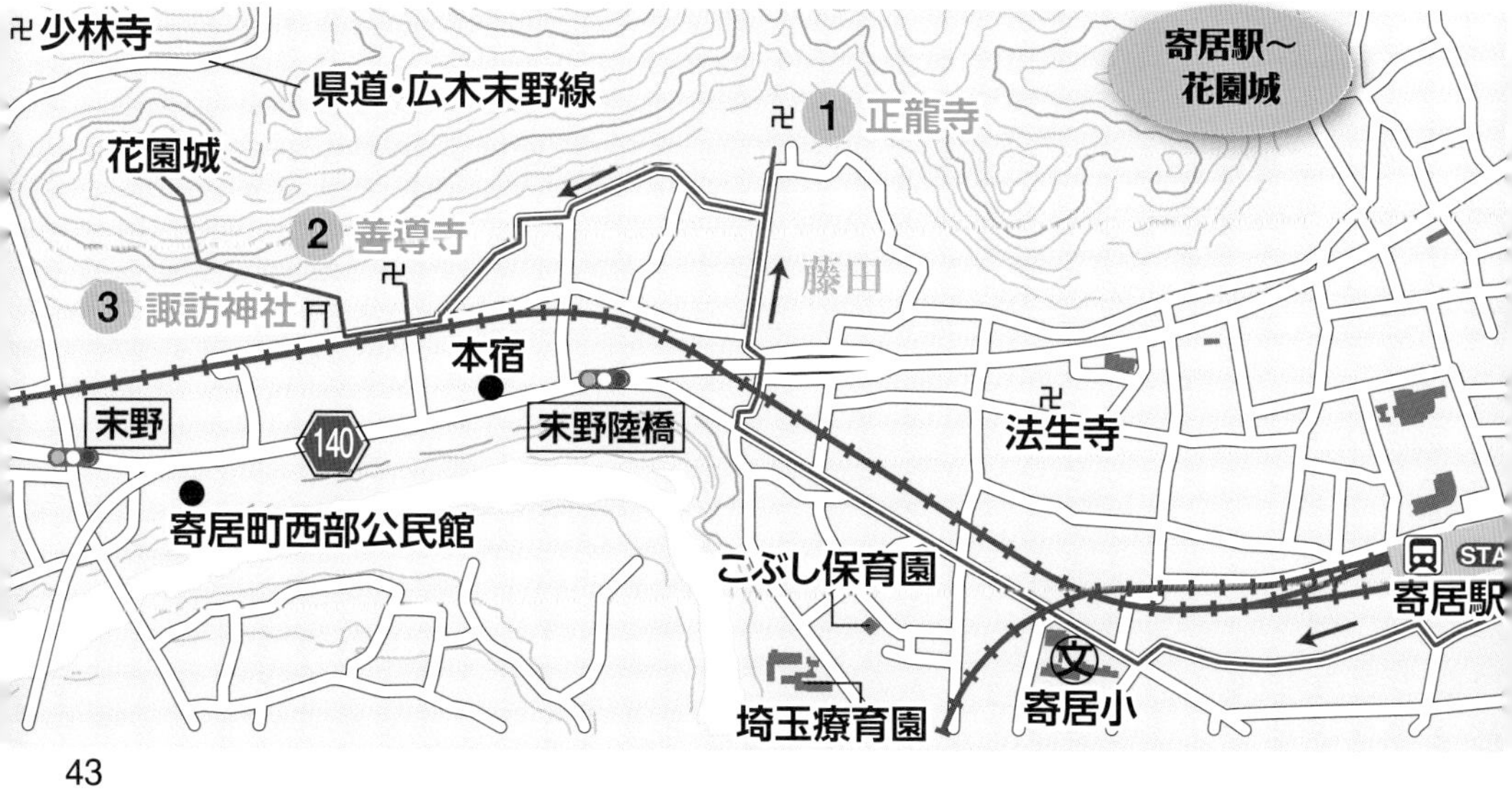

寄居駅～花園城

少林寺
県道・広木末野線
1 正龍寺
花園城
2 善導寺
藤田
3 諏訪神社
本宿
末野
140
末野陸橋
法生寺
寄居町西部公民館
こぶし保育園
寄居駅
埼玉療育園
寄居小

千葉

佐倉城（さくらじょう）

城の桜が咲く頃、広々した芝地の本丸跡で弁当を広げたい

京成佐倉駅を南口に出て、「京成佐倉駅南口入口」を右折する。300mほど進むと道標に出会う。ここを左折し、国道296号を潜って旧成田街道を右折する。水堀にかかる両町橋を渡ると田町門跡の土塁に出る。愛宕坂を登っていくと、❶椎木（しいのき）曲輪跡に建つ歴史民俗博物館に出る。歴史好きなら1日いてもあきない充実した内容だが、目的が城めぐりなので、ポイントを絞って見学しよう。歴史民俗博物館の南側には、角馬出前面のコの字型の空堀（約121m×40m×3m）が復元されている。馬出しは、城門前に築いて人馬の出入りを敵に知られないようにした土手である。椎木門跡を通り、人気が途絶えるへび坂を下っていくと、水堀に守られた❷西出丸跡、その先に❸南

❶ 椎木曲輪跡に建つ歴史民俗博物館

❷ 馬出空堀

DATA

歩行距離……約4.4km　**歩行時間**……約2時間

所在地 佐倉市城内町

参考 国土地理院2万5000分の1地形図　佐倉

【弁当のオススメ場所】歴博の休憩所（屋外の芝生広場）、本丸跡

【トイレ】歴史民俗博物館、歴博駐車場、茶室三逕亭（さんせいてい）近く、武家屋敷駐車場にある

【特記事項】
- 本丸の桜が咲く3月下旬～4月上旬、花しょうぶの咲く6月上旬～中旬がおすすめ
- 歴史民俗博物館（歴博）は、通常は2～3時間を要すが、行程を考え、ポイントを絞って1時間ぐらいで見学を済ますとよい

【問合せ先】
- 佐倉市観光協会：☎ 043-486-6000

出丸跡がある。2か所の出丸は人の訪れも少なく、花見の時期は本丸もイベントなどで騒がしいが、出丸は静か。

四囲を高い土塁で囲まれた広い芝地の❹本丸跡に入り、土塁上を時計回りに歩く。天然記念物の夫婦モッコク（樹齢約400年）の大木が聳（そび）えている。その先に江戸城の吹上の庭内から土井利勝が移築し、天守としたという銅櫓跡がある。西南隅には三層の天守があったが、文化10年（1813）に焼失してしまった。また、東北隅には隅櫓跡があったという。銅櫓跡の先で一の門跡へ下る。一の門跡を通ると、幕末の老中として日米修好通商条約交渉に身命を賭し、鎖国から開国へと導いた堀田正睦（まさよし）像に出る。

❸ 南出丸跡

佐倉城の位置は、印旛沼の南岸に注ぐ鹿島川、高崎川を外堀とし、2つの川の合流地点に向かって突き出た標高30mほどの台地の西端にある土塁や空堀が多い中世的な特徴が残る城である。石垣がないのは、この地方が石材を産出しないためと、城が低湿地に囲まれていること、丘陵が多いなど自然の防御条件が整っているためもある。

❹ 本丸跡

本丸を囲む土塁

コースと所要時間

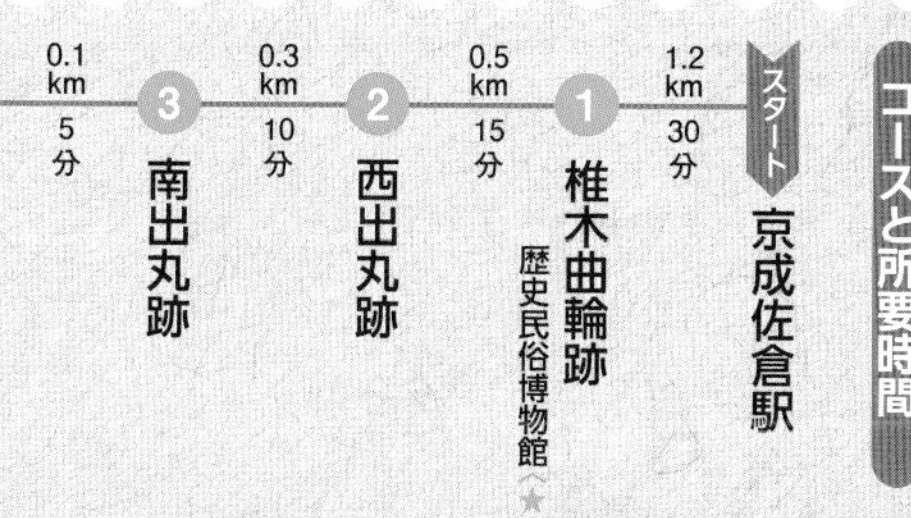
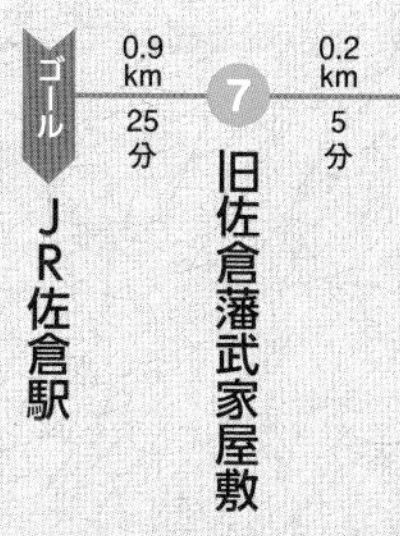

スタート 京成佐倉駅
1.2km 30分
❶ 椎木曲輪跡 歴史民俗博物館〈★1〉
0.5km 15分
❷ 西出丸跡
0.3km 10分
❸ 南出丸跡
0.1km 5分
❹ 本丸跡
0.9km 25分
❺ 大手門跡
0.3km 10分
❻ ひよどり坂
0.2km 5分
❼ 旧佐倉藩武家屋敷
0.9km 25分
ゴール JR佐倉駅

〈★1〉<見学1時間・入館料600円>

❺ 大手門跡碑

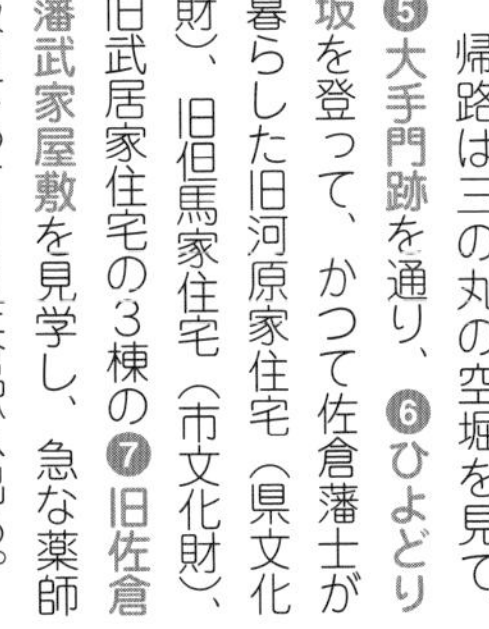

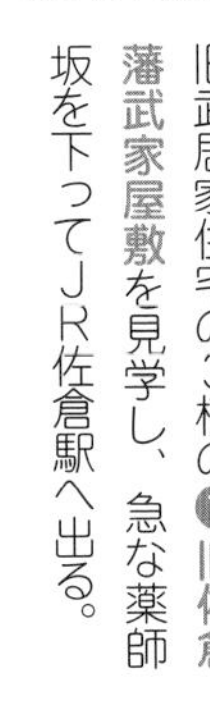

天守台跡

帰路は三の丸の空堀を見て、❺**大手門跡**を通り、❻**ひよどり坂**を登って、かつて佐倉藩士が暮らした旧河原家住宅（県文化財）、旧但馬家住宅（市文化財）、旧武居家住宅の3棟の❼**旧佐倉藩武家屋敷**を見学し、急な薬師坂を下ってJR佐倉駅へ出る。

佐倉城小史

戦国時代の中ごろの天文年間（1532〜55年）、千葉氏24代の千葉親胤が本佐倉城に代わる新たな居城として、鹿島幹胤に命じて築かせたのが初めといい、鹿島山城とも呼ばれた。ところが千葉親胤は家臣に暗殺されてしまい、築城は中断。さらに千葉氏26代当主・千葉邦胤もこの地に本城を移そうとしたが、天正13年（1585）に横死したため、果たせなかった。その後、千葉氏は豊臣秀吉の小田原攻めでは北条傘下で戦ったため、改易になった。

徳川家康は、この地の要害に注目し、土井利勝に命じ慶長16年（1611）から7年間を費やして城を完成し、鹿島城の名を佐倉城と改め、城下町を整備した。以来、徳川幕府では、江戸の守りとして老中格の譜代の諸侯を封じた。延享3年（1746）に堀田氏が入城し、6代、126年間世襲し、明治維新を向かえた。

明治6年（1873）には、第一軍管第二師営の営所が置かれ、その後、歩兵第二連隊、歩兵第57連隊などの兵営があった。

天守跡と夫婦モッコク

三の丸掘

❼ 旧佐倉藩武家屋敷

❻ ひよどり坂

佐倉城 コースマップ

START
京成佐倉駅
京成佐倉駅南口入口
市役所下
296
道標
佐倉市役所
市役所通り
歴史博物館
愛宕坂
両町橋
国立歴史民俗博物館
❶ 椎木曲輪跡
杉坂
❷ 西出丸跡
へび坂
椎木門跡
菖蒲園
本丸跡
❹
天守台跡
一の門跡
二の門跡
姥が池
❸ 南出丸跡
堀田正睦公像
三の門跡
くらしの植物苑
自由広場
佐倉城址公園センター
佐倉東高
佐倉中
市民体育館
新町
❻ 大手門跡
大手門跡広場
侍の社
くらやみ坂
武家屋敷通り
❻ ひよどり坂
大聖院
❼ 旧佐倉藩武家屋敷
65
高崎川
薬師坂
寺崎北
至JR佐倉駅 GOAL

千葉

佐貫城（さぬきじょう）

人に知られていない城跡めぐりをしたい人に薦めたい。夜ならイノシシが出そうな城跡。雑草が枯れた時期を狙って歩こう

佐貫城は、南側を流れる染川が侵食した標高70ｍ前後のやせ尾根状の丘陵に立地する。西約3㎞に、三浦半島と房総半島に挟まれた浦賀水道があり、城の南の染川、北を流れる北上川が共に浦賀水道に注いでいる。江戸時代の佐貫城付近は交通の要衝で、城下を参勤交代や、海上交通の湊を結ぶ道として利用された「房総往還」が通っていた。

天保５年創業の宮醤油店

房総往還は、船橋市宮本から木更津を経て館山市宮城に達する現在の上総道、木更津道、房州道である。

佐貫城は、中世から近世へと引継がれた城で、城跡は、三河国刈谷から入封した阿部正鎮（まさたね）以降の阿部氏時代の遺構である。

内房線を佐貫町駅で下車する。駅前に外観が居酒屋風の店が1軒。寂しい駅である。佐貫城へは、465号を東へ歩く。右手に熊野神社を過ぎると、127号との交差点（佐貫）に「コンビニエンスストア」がある。127号を渡ると天保5年創業の宮醤油店。江戸末期に建てられた店蔵をはじめ国登録文化財に建物9件が指定されている。三宝寺を過ぎ、左からの旧道を合わせて県道163号を東に進む。旧道が合わさるところは、城下町特有の鉤（かぎ）の手になっている。この先に佐貫中学校があったが、閉校になった。過疎化が進んでいるらしい。校門の側に水準点24・2ｍが設置されている。変電所（藩校誠道館跡）、日枝神社（城内にあった八幡社、天神社を明治以降に合祀したという）を通り過ぎ、三叉路の所が大手口である。標高は20ｍ。バス停牛房谷（ごぼうやつ）、せんべい屋が大手口の近

❶ 階段状の坂道を登って大手口へ

DATA

歩行距離……約 5.8 km　**歩行時間**……約 2 時間 30 分

所在地　富津市佐貫 1225

参　考　国土地理院 2 万 5000 分の 1 地形図　鹿野山

【弁当のオススメ場所】松八幡郭（69.2 m）と称する物見台跡

【トイレ】城跡にないので佐貫町駅で済ます

【特記事項】・佐貫町駅から 1 km ほど先にコンビニエンスストアがある

【問合せ先】・富津市教育委員会生涯学習課文化係：☎ 0439-80-1342

内房線の佐貫町駅

搦手を出て国道へ向かう

松天神郭から東京湾観音

くにある。江戸時代には、城を囲むように南、西、北に侍屋敷が置かれ、西側の侍屋敷の外部が城下町になっていたという。

階段状の坂道を北に登って❶**大手口**に向かう。まず横切るのが関山用水。江戸後期の文政5年（1822）に干害に苦しんだ農民たちが、鹿野山下の関山の湧水を引いた用水堀。大手門跡には江戸時代に修築した石積がわずかに残っている。この大手門を「樽木門」と称した。登った左手が「三の丸」の平場（小字で城跡）だが、雑草が生い茂り、とても踏み込める状態ではない。毎年草刈りをしているが、手が回らない年もあるようだ。文献によれば、三の丸は標高約40m、土塁に囲まれた3つの郭からなり、櫓跡や中央部には井戸もあるという。元禄3年（1690）に城主になった柳沢吉保以降の近世佐貫城の建物は三の丸に建てられていた。

大手門跡

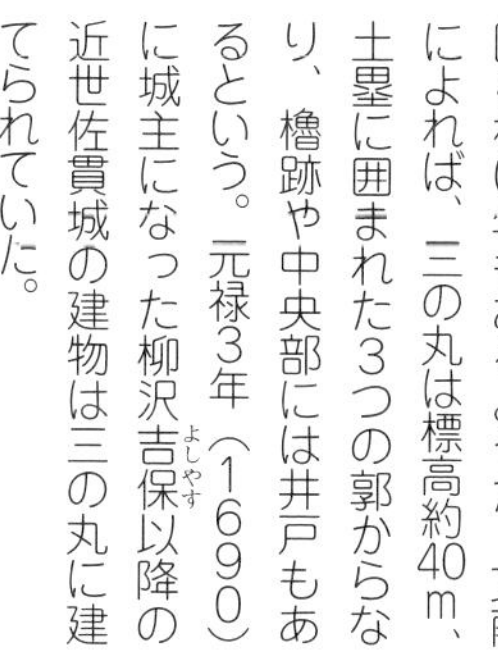

江戸時代に修築した大手門の石積

三の丸の北東側にある❷**二の丸**に向かう。上下2段の郭に二分されているが雑草がはびこり、東側には入れない。標高は約50m。二の丸の北方の奥まった所が本丸である。二の丸から本丸へ行くには、大きな空堀に架けられた深さ約3m、長さ10m、幅約4mの土橋を渡る。本丸への門は、「矢来門」と称したが、今はない。本丸の標高は約70m。比高は約50mである。本丸の西側の、現在展望台と称している❸**松天神郭**（72・4m）は、かつての物見台。ベンチがいくつか。東京湾観音の左手に、東京湾が眺められる。大気が澄んだ日には、富士山も見えるらしい。本丸に戻り、右に下る道を分岐し、枕木の階段を上

❷ 二の丸

コースと所要時間

スタート **JR佐貫町駅**
— 0.9km 25分 —
国道465号と127号の交差点
— 0.4km 10分 —
旧道分岐〈鉤の手〉
— 0.8km 20分 —
❶ **佐貫城大手口**
— 0.3km 10分 —
❷ **二の丸**
— 0.3km 10分 —
❸ **本丸展望台**〈松天神郭〉
— 0.3km 10分 —
❹ **松八幡郭**〈物見台跡〉
— 0.5km 15分 —
❺ **搦手の跡**
— 0.3km 10分 —
国道127号
— 2.0km 50分 —
ゴール **JR佐貫町駅**

り、細い郭状の尾根を行くと❹**松八幡郭**（692m）と称する物見台で、眺めがいい。ここからの景色は、松天神郭とほぼ同じだ。ここにもベンチがいくつか。弁当はここを勧めたい。

分岐点に戻り、左（東）に下ると松八幡郭の下を巻くように下る堀切道である。このあたりから道が不明瞭になり、少しの間、踏跡を捜しながら藪を分け、倒木を潜り、乗り越えて下るようになる。イノシシが歩いた痕跡が残る山際のぬかるみを行くと、石積みを残す❺**搦手**（裏門）**の跡**に出る。水田跡に降り立ったら、北上川の小橋を渡ると、天祐寺前を通る127号に出る。残すは、旧道を通って往路に通った鉤の手の所を右折し、佐貫駅に戻るだけだ。

❸ 本丸

二の丸と本丸を繋ぐ土橋

佐貫城小史

築城年代については諸説あるが、真里谷武山氏が文亀～天文年間（1501～1554）に築いたといわれる。当時、上総国は関東管領上杉氏の勢力範囲にあった。この上杉氏と対立関係にあった古河公方・足利成氏の命を受けた武田信長（武田氏10代信満の第2子）が、康正2年（1456）上総国に侵入し、庁南城と真里谷城の2城を築いた。信長の孫、信興の時から、真里谷氏を名乗ったのは、真里谷城を根拠地としたからである。

一方、里見義堯も成氏の命を受けて安房国を侵略し、さらに北侵の機会を狙っていた。水運や陸上交通の要衝であった当地は、西上総支配の拠点であり、真里谷、小田原北条、里見の勢力が交差する場であった。天文6年（1537）に真里谷信隆と弟の信応に後継者争いが生じ、佐賀城に拠って戦った信隆は、弟の信応を支援する小弓御所足利義明、里見義堯に攻められて落城した。真里谷氏は内紛によって衰退していき、佐貫城は小田原北条氏と里見氏の争奪の舞台となった。

永禄5年（1562）には、上杉謙信に古河御所を追われた古河公方足利義氏が北条氏康の庇護のもとに、佐賀城に仮の御所を置いたこともある。里見氏の本城となった後の永禄10年（1567）、佐賀城の北約5㎞の三舟山に北条氏政が来攻してきた時、里見義堯の嫡子義弘は佐貫城から出陣し勝利した。天正6年（1578）に義弘が没すると、佐貫城を中心に西総を地盤とする義弘の子梅王丸と、安房を根拠地とする義堯の子義頼の間で後継者争いが起こり、佐貫城は、義頼が梅王丸を滅ぼした内紛の舞台となった。

豊臣秀吉の小田原攻めによって天正18年（1590）に北条氏が滅びると、上総は徳川家康の所領になった。里見氏は安房一国支配に後退し、佐賀城は譜代の内藤家長が城主となり、2万石を領した。内藤氏の後は、松平忠重（桜井松平氏）、松平勝隆、重治（能見松平氏）、柳沢吉保と続き、16年間廃城の期間があったが、宝永7年（1710）に阿部正鎮が入封し、9代正恒まで続き、明治4年（1871）廃藩置県によって廃城となった。

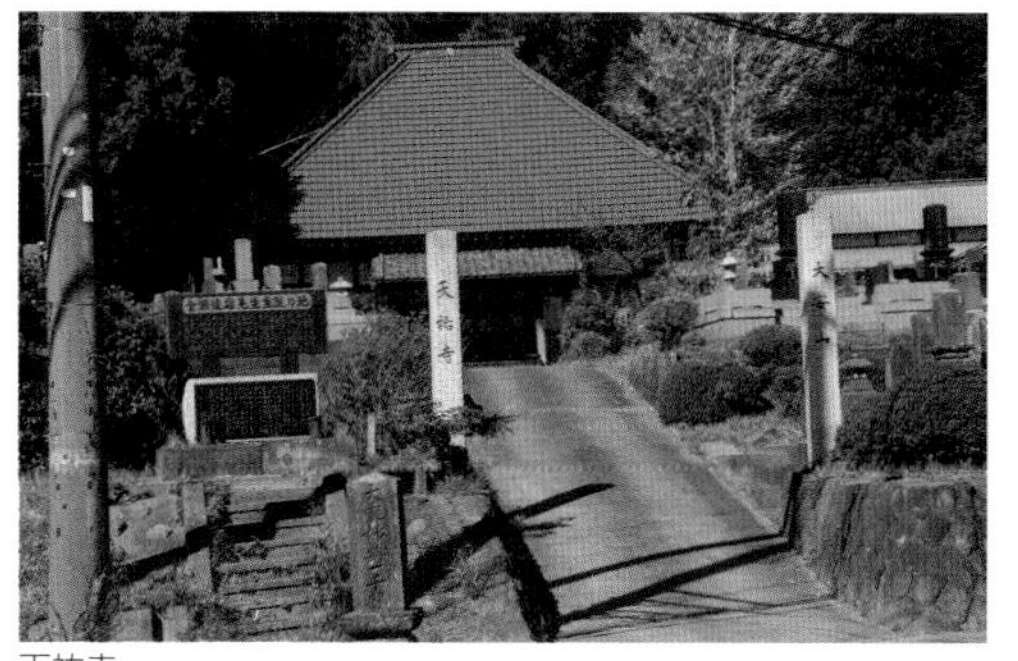

天祐寺

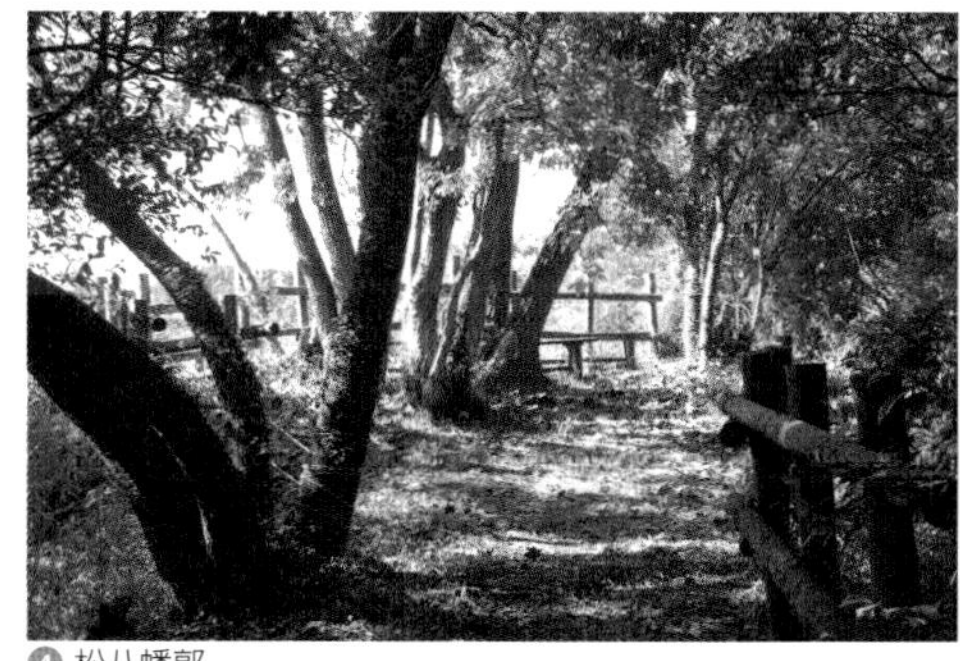

④ 松八幡郭

佐貫城
コースマップ
天佑寺
北上神社
127
⑤搦手の跡
郭
郭
④松八幡郭
（物見台跡）
牛房谷
本丸
③本丸展望台
空堀
②二の丸
三の丸
①大虎口
染川
バス停「牛房谷」

著者：内田栄一・元図作画制作：湯沢宏

八幡郭下の堀切道を搦手へ

⑤ 搦手の石積

佐貫城
コースマップ
小久保ダム
中村
亀田
天祐寺
北上
北上神社
迎原
佐貫城
牛房谷
北上川
127
日枝神社
佐貫
三宝寺
①大手口
染川
県道163
熊野神社
宮醤油店
コンビニエンスストア
465
佐貫町駅
START
GOAL
東佐貫
花香谷
館山自動車道

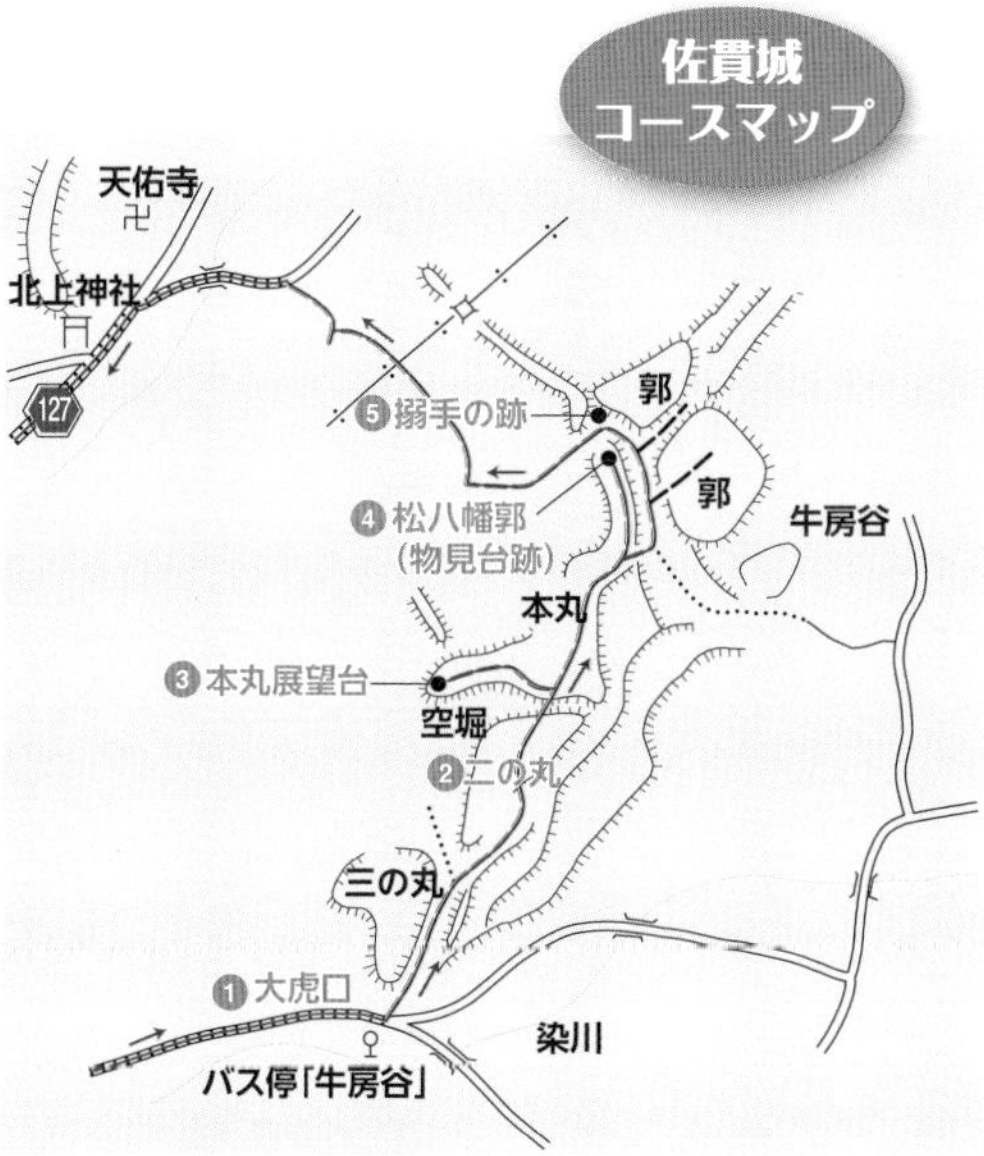

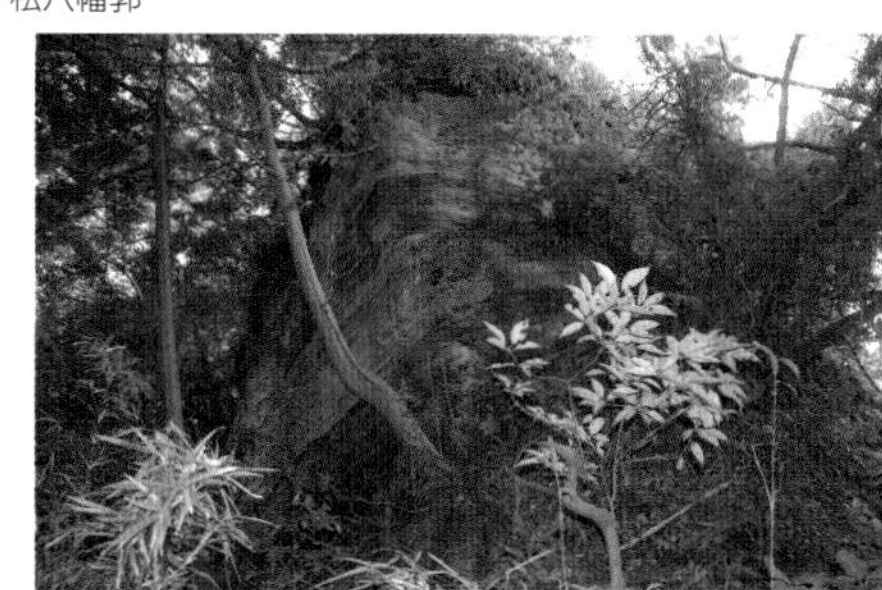

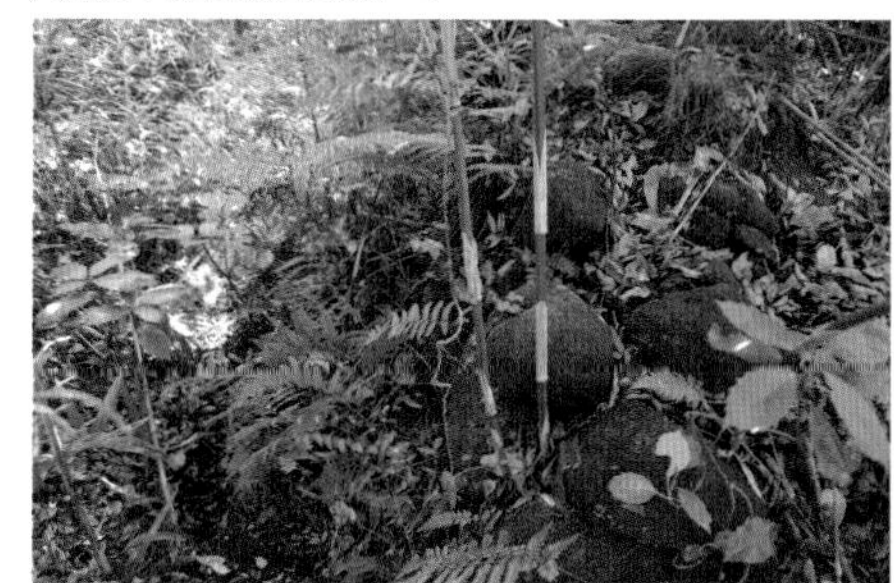

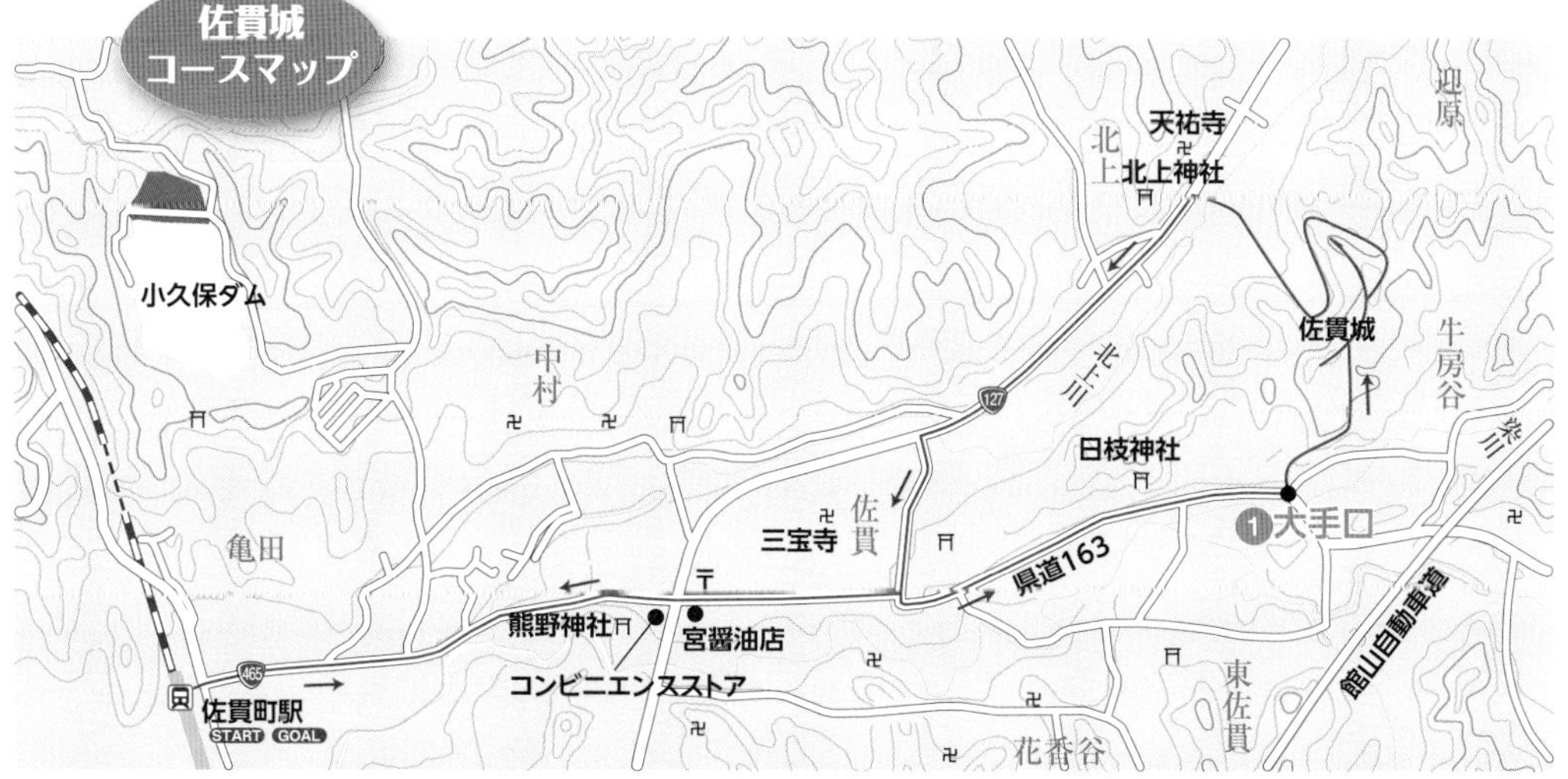

千葉

本佐倉城（もとさくらじょう）

千葉輔胤（すけたね）から千葉氏9代が下総国を約100年治めていた千葉氏の城

大佐倉駅で下車したら、まず千葉氏23代勝胤（かつたね）開基の❶勝胤寺（しょういんじ）に寄ろう。踏切を渡らず線路沿いの細道を成田方面に歩く。勝胤の墓（宝篋印塔（ほうきょういんとう））のほか、勝胤が愛飲したと伝える「千葉水」がある。

ガードを潜って南側に出ると、広い広い田圃に出る。角に本佐倉城跡の道標が立つ。次の道標から田圃の中の道を行く。「国指定史跡　本佐倉城跡　東光寺ビョウ」という標柱が建つが、この道には入らずに通り越していく。印旛沼から引いている灌漑用水の枡（ます）の手前から、戻るように斜面を登ると❷東山虎口（本佐倉城の出入口）で、虎口を入ると左手が❸東山馬場の一角にあるビューポイントの物見台。右手のⅣ郭の斜面には、千葉氏の家紋（星と月をデザインした「月星」）の楯が並んでいる。虎口左手の物見台に登ると、眼下には広大な田圃が広がる。京成本線が田圃の中ほどを時折往来する。京成本線の北側は、かつて印旛沼。現在の田圃は、当時城を守る沼地。はるか遠くに筑波山が見えるだろうか。景色を堪能したら、東山馬場の駐車場に案内所があり、トイレは案内所の隣りにあるので、まずトイレに寄ってから、城山（本丸）へ向かう。

城山、奥ノ山の分岐に出たら

❶ 勝胤寺・千葉家供養塔

❷ 東山虎口

❸ 物見台・城山通路

❹ 城山

DATA

歩行距離……約3km　**歩行時間**……約1時間30分

所在地　千葉県印旛郡酒々井町本佐倉字城ノ内ほか

参　考　国土地理院2万5000分の1地形図　酒々井（しすい）

【弁当のオススメ場所】物見台（東山虎口）
【トイレ】東山馬場にある案内所の隣りにある
【問合せ先】
・酒々井町生涯学習課：☎043-496-1171
・ちばグリーンバス：☎043－481－0808
（京成佐倉駅行、京成酒々井（しすい）駅行は、平日、休日とも1時間に1本。所要時間は同じ13分）

田圃の中を京成本線が走る

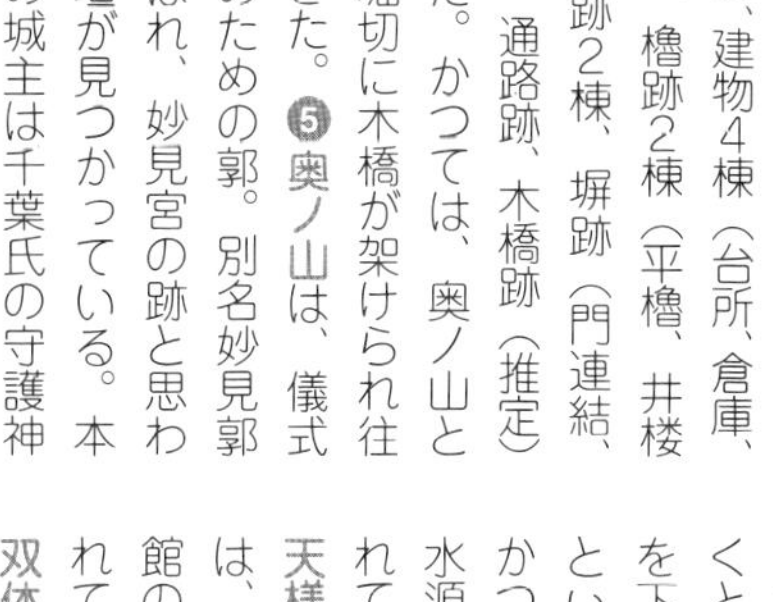

❺ 奥ノ山

❻ 倉跡

❽ 弁天社

❼ 妙見神社

❿ 神明社

❾ 双体道祖神

左に折れ、両郭との高低差が6mほどある大堀切に入ると木戸跡。❹城山は、城主が客を迎えたり、宴会したりした郭。執務を摂る主殿跡、遠侍（とおさぶらい）跡（警護の武士の詰所）、会所跡、庭跡（園池、築山）、建物4棟（台所、倉庫、便所か）、櫓跡2棟（平櫓、井楼櫓）、門跡2棟、塀跡（門連結、土塁上）、通路跡、木橋跡（推定）があった。かつては、奥ノ山との間の堀切に木橋が架けられ往来ができた。❺奥ノ山は、儀式や儀礼のための郭。別名妙見郭とも呼ばれ、妙見宮の跡と思われる基壇が見つかっている。本佐倉城の城主は千葉氏の守護神である妙見様を祀る宮で元服するのがしきたりだった。奥ノ山の西側に隣接する❻倉跡は、倉庫群があった郭だが、倉跡の今は夏に水仙が咲く。

倉跡から南に竹林を下っていくと、❼妙見神社に出る。石段を下ると中池という田圃。かつては城の水源で、祀られていた❽弁天様（弁天社）は、根小屋の館の脇に移されている。❾双体道祖神や庚申塔などが祀られた坂道を登る。現在私有地になっている向根古屋の❿神明社にお参りしてから、国道296号沿いの山道バス停で、京成佐倉駅行の「ちばグリーンバス」を待つ。

コースと所要時間

スタート　京成本線大佐倉駅
↓ 0.4km　10分
❶ 勝胤寺
↓ 0.7km　20分
❷ 東山虎口
↓ 0.1km　5分
❸ 東山馬場・物見台〈案内所・トイレ〉
↓ 0.2km　5分
❹ 城山
↓ 0.1km　5分
❺ 奥ノ山
↓ 0.2km　5分
❻ 倉跡
↓ 0.2km　5分
❼ 妙見神社
↓ 0.2km　5分
❽ 弁天社
↓ 0.1km　5分
❾ 双体道祖神
↓ 0.3km　10分
❿ 神明社
↓ 0.4km　10分
バス停「山道」〈★1〉
↓ 13分
ゴール　京成本線京成佐倉駅

〈★1〉ちばグリーンバス13分・250円

本佐倉城小史

享徳3年（1454）に古河公方・足利成氏が関東管領・上杉憲忠を謀殺し「享徳の乱」が起きると、上杉氏を支持する室町幕府の命令を受けて、猪鼻城にあった嫡流の16代胤直とその子・胤宣は、足利成氏の討伐に乗り出す。しかし、叔父の馬加康胤（千葉康胤）と重臣の原胤房が成氏の支援を主張して対立し、下総守護の千葉氏に内紛が勃発した。胤直・胤宣父子は馬加康胤、原胤房に攻められ、猪鼻城を捨て千田庄（香取郡多古町）で自刃したため、千葉氏宗家は滅亡した。

馬加康胤の子で21代当主になった千葉輔胤は、本佐倉城を築城（1469〜1486）し、千葉の猪鼻城から本拠を移した。本佐倉城は、輔胤から千葉氏9代が居城し、下総国を約100年間治めていた千葉氏（下総千葉氏）の城である。

23代勝胤は、菩提寺の勝胤寺、祈願寺の妙胤寺を建立しただけでなく、佐倉の町を整備した。また、和歌にも深い関心を持ち、勝胤とその家臣団は「佐倉歌壇」と称される和歌集団を形成していた。

一方で陰りも見え始めている。僧籍にあった古河公方足利政氏の次男義明（小弓公方）が上総国（千葉県中部）の上総武田氏や安房国（千葉県南部）の里見氏に擁立されて突然還俗し、永正14年（1517）に千葉氏の家臣原氏の本拠の小弓城（千葉市中央区）を制圧し、ここに住んで小弓御所と称した。勝胤はこれに対し、足利高基（義明の兄）とともに、義明が滞在中の上総椎津城を攻撃したり、当時急速に勢力を広げつつあった小田原北条氏に援軍を求めたりしている。

天文7年（1538）に小弓公方の足利義明が北条氏綱に討たれ（第一次国府台合戦）、原氏が小弓城に復帰したが、小弓城や千葉城はその後もたびたび里見氏の侵攻を受けた。

25代利胤の少年時代は小弓公方（足利義明）や里見氏の侵攻によってかつての本拠地であった猪鼻の支配権すら失う状況だった。そこで利胤の父昌胤は小田原北条氏と連携して小弓公方に対抗しようとした。昌胤は利胤の正室に北条氏政の娘を迎えている。父昌胤の死によって利胤は、25代の家督を31歳で継いだが、わずか1年で死去した。跡を継いだ26代親胤は10代の若者。後継者としての不安もあって、実権は親北条氏の家臣の原胤清、胤貞父子に掌握されていた。親胤（妻は氏政の娘）は北条氏の介入を嫌い、同じく反北条氏の立場にあった古河公方の足利晴氏と手を結んだ。その結果、北条氏康の侵攻を受けて捕らえられ、幽閉の後、暗殺された。暗殺犯は原胤貞あるいは同族で胤清と権勢を競っていた原親幹が氏康の内諾を得た上で暗殺したものと言われている。享年17。

永禄7年（1564）、里見義弘は、北条氏康、氏政父子と戦い大敗（第二次国府台合戦）し、窮地に立つと、里見氏は上杉謙信に助けを求めた。

永禄9年（1566）27代胤富の時、家臣の原胤貞が守る7km しか離れていない臼井城（佐倉市）が上杉謙信に攻め込まれた。この危機に、胤富は小田原北条氏の援軍を得て謙信に勝利したため、さらに北条氏の介入を受けるようになっていった。

天正13年（1585）、29代邦胤が城中寝所で家臣に殺害されるという事件が起きたとき、邦胤の子・重胤がまだ幼かったため、重胤は人質として小田原に住まわされ、北条氏直が養子に送り込んできた北条直重（氏政の子）に家督を奪われてしまった。天正18年（1590）5月、本佐倉城は小田原の北条氏と命運を共にし、落城した。

千葉氏の家紋の楯

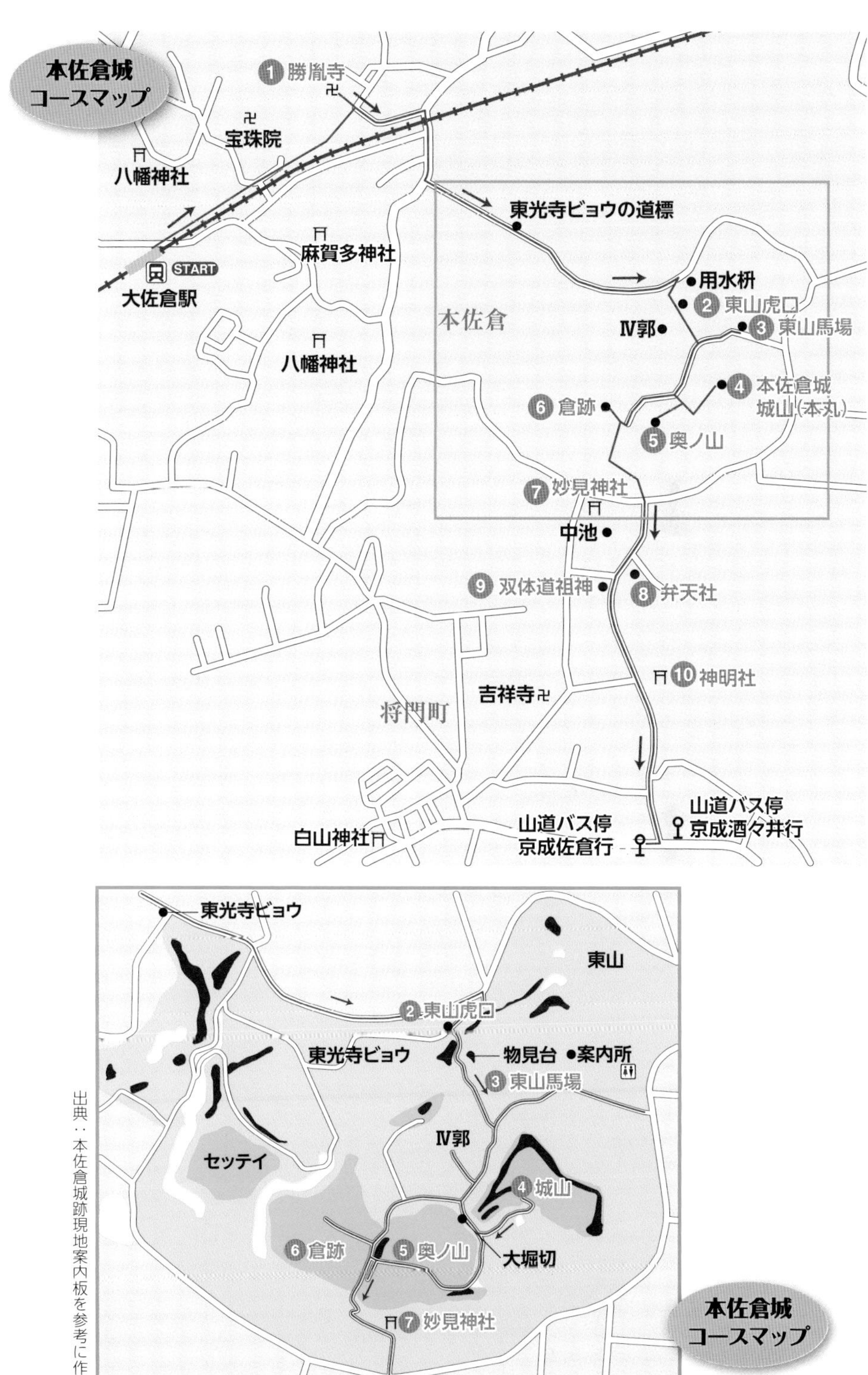
本佐倉城
コースマップ
1 勝胤寺
宝珠院
八幡神社
麻賀多神社
START
大佐倉駅
八幡神社
東光寺ビョウの道標
本佐倉
用水枡
2 東山虎口
Ⅳ郭
3 東山馬場
4 本佐倉城
城山（本丸）
6 倉跡
5 奥ノ山
7 妙見神社
中池
9 双体道祖神
8 弁天社
10 神明社
吉祥寺
将門町
白山神社
山道バス停
京成佐倉行
山道バス停
京成酒々井行
東光寺ビョウ
東山
2 東山虎口
東光寺ビョウ
物見台
案内所
3 東山馬場
Ⅳ郭
セッテイ
4 城山
6 倉跡
5 奥ノ山
大堀切
7 妙見神社
本佐倉城
コースマップ

出典：本佐倉城跡現地案内板を参考に作成

第1章
南関東

神奈川

石垣山城（いしがきやまじょう）

小田原城の城兵たちは、一夜にして出現した石垣の城に肝をつぶし、戦意を喪失した

「一夜城歴史公園」に着いたら、まず❶南曲輪の石積み（隅石）を見よう。石垣山城の石垣は、大正12年（1923）の関東大震災で崩落したが、その中にあって南曲輪の石積みは、比較的良好な状態で残っている。目立つのが石垣の隅角、下部の大きな隅石だ。この石積みは、近江（滋賀県）の石工職人の集団である穴太衆（あのうしゅう）による野面積（のづらづみ）。野面積は、自然の石を加工せずに積み上げる古くからの石積みの手法で、不揃いの石で積まれるため、石と石の間に隙間ができる。排水性はいいが、出っ張りができて、敵が登りやすいのが欠点だが、現代人が鑑賞するには、野面積は山城らしく好ましい。関東地方にも、石垣の見られる城は、金山城（群馬県太田市）、唐沢山城（栃木県佐野市）、八王子城（東京都八王子市）などがあるが、石垣山城は、関東で最初に造られた総石垣の城といわれている。単なる陣城ではなく、長期戦に備えた本格的な城造りで、豊臣秀吉自身が記しているように、聚楽第や大坂城の普請にも劣らない築城だったようだ。

❶ 南曲輪の隅石

石垣山城入口の道標から石段になった旧城道に入る。南曲輪の北側に沿う旧城道には、崩壊した巨岩が転がっている。園路はすぐ右手に曲がり、芝生広場として整備された広々とした❷二の丸（馬屋曲輪）に入る。一段高い台地が❸本丸で、石垣の

❷ 二の丸から本丸（高台）

DATA

歩行距離……約 2 km　**歩行時間**……約 1 時間

所在地　神奈川県小田原市早川

参考　国土地理院 2 万 5000 分の 1 地形図　小田原南部

【弁当のオススメ場所】本丸跡

【トイレ】公園の駐車場と二の丸にある。

【特記事項】・うめまる号が運行する土日祝日がおすすめ。平日は、タクシーか、JR 早川駅で下車し、約 2.3km（約 1 時間 20 分）を歩く。帰路は箱根登山鉄道の入生田駅まで下り3km の行程である。途中に早川石丁場跡がある。

【問合せ先】・小田原市役所経済部観光課観光振興係：☎ 0465-33-1521

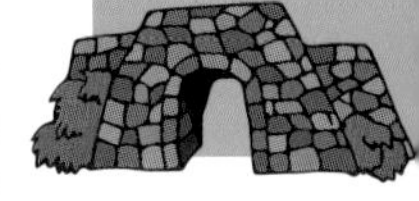

高さは10m。小田原城兵が肝をつぶしたという石垣は、多分この石垣だ。この上に本丸があって、天守も聳えている城が一夜で出現したら、誰でも驚く。この石垣も上部は崩れて石が下部に集まって土膚がむき出しになっている。二の丸の西隅の「これより本丸登口」の道標から、緩やかな坂道を本丸に登る。

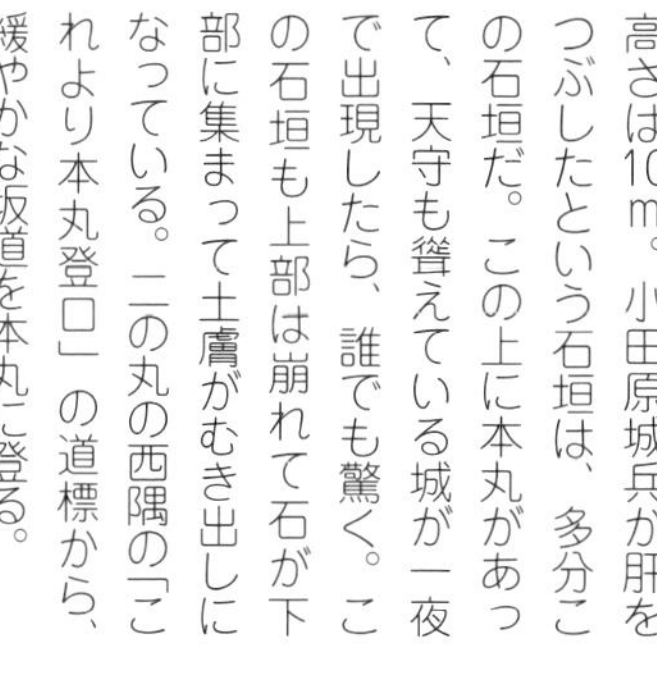

❸ 本丸

本丸の面積は、およそ7500㎡もあるが、周囲は雑木林で空地が少なく、広いようには見えない。シャガが咲き乱れる4月中旬ころは見事だ。本丸の標高は250m。南西部に土を盛った高台が天守台とされる台地で、標高は261．5mで最も高いが、木々に視界を遮られて展望はない。当時、❹天守台には五層の天守が建っていた。天守台の南には、西曲輪が配置されている。東に作られた❺物見台からは、早川と酒匂(さかわがわ)川に挟まれた市街地の中に、目を凝(こ)らせば小田原城の天守が見えるはずだ。直線にして3㎞ほどの距離だ。北には丹沢の山並み。ひときわ大きな山が大山だ。眼下には、相模湾の海岸線に、白波が寄せているのが眺められる。弧を描いた海岸線を辿っていくと三浦半島だ。

❻西曲輪、南曲輪を通って二

❹ 天守台

❺ 物見台から小田原城が左中央に見える

コースと所要時間

- スタート バス停「小田原駅東口」〈★1〉
- 18分
- バス停一夜城歴史公園
- 0.1km 5分
- ❶ 南曲輪の隅石
- 0.1km 5分
- ❷ 二の丸
- 0.1km 5分
- ❸ 本丸
- 0.5km 5分
- ❹ 天守台
- 0.1km 5分
- ❺ 物見台
- 0.1km 5分
- ❻ 西曲輪
- 0.1km 5分
- 南曲輪
- 0.2km 5分
- ❼ 展望台
- 0.1km 5分
- ❽ 井戸曲輪
- 0.4km 10分
- 一夜城ヨロイズカファーム マルシェあたり
- 0.2km 5分
- バス停一夜城歴史公園〈★2〉
- 40分
- ゴール バス停「小田原駅東口」

〈★1〉「小田原宿観光回遊バス」（うめまる号・1日フリー乗車券500円・18分）一夜城歴史公園バス停下車

〈★2〉「小田原宿観光回遊バス」（うめまる号40分）小田原駅東口バス停下車

❻西曲輪

の丸に下り、北隅の❼展望台に向かう。途中に、櫓台跡の石碑が建つ高見がある。この櫓台からは、当時、小田原城まで見渡すことができただろう。北隅の展望台からは、箱根の山々が大きく、右手には丹沢の山々、眼下に家々が眺められる。

二の丸へ戻る途中にある（二の丸の北東）❽井戸曲輪は必見だ。四囲を石垣に囲まれた谷底に下ってみよう。沢状の地形を

石垣山城小史

小田原城を本拠として相模、武蔵を中心とした地域を治めていた北条氏は、豊臣秀吉に臣下の礼を取らなかった。強気であったのは、徳川家康の娘・督(とく)姫(ひめ)が城主・氏直に嫁ぎ、伊達政宗とも友好関係にあったから、北条、徳川、伊達が結べば、秀吉に対抗できると考えていたようだ。天正15年（1587）ごろから、秀吉が出陣するという風聞が流れていた。北条氏も、韮山城や山中城、足柄城などで秀吉勢を防御する備えをしていた。氏直の父・氏政は、永禄4年（1561）に来襲した上杉謙信や、永禄12年（1569）に来襲した武田信玄を籠城戦で撃退した体験から、籠城戦に持ち込み、秀吉勢の兵糧不足と士気低下を誘えば撃退できると考えていた。

天正18年（1590）、総勢15万の秀吉勢が小田原に来襲した。北条氏にとって、山中城と足柄城が半日で陥落したのは、想定外だった。徹底抗戦か、降伏か、いわゆる「小田原評定」を続けただけで、城外へ打って出ることもなかった。籠城していた2ヵ月半の間に支城は次々に落ち、小田原城は孤立したが、城下町まで入ってしまう総構があり、城外と結ぶ9つの口は一門衆をはじめ重臣たちが配され守りが堅い。城内では毎日市が立ち、人々は普段と変わらない生活をしていた。

秀吉は、箱根湯本の早雲寺に本陣を構え、笠懸山(かさがけやま)に陣城の普請を開始した。一夜にして築城された伝説をもつ石垣山城である。諸将は小田原城を取巻くように陣を張った。海上も封鎖したが、秀吉は力攻めを避けた。長期戦に備えて、20万人の兵が、200日まかなえる膨大な米を清水湊に運び、蔵を建てて収納していた。京から能役者を呼んで能を楽しんだり、淀君ら数人の側室や千利休をはじめ何人かの茶人を呼んで茶会を開いたり、天皇の勅使を迎えたりと、戦陣を忘れさせる生活だった。諸大名にも女房を呼ぶことを許している。北条氏が頼りにしていた伊達政宗も国許から来陣し、秀吉に恭順を誓った。

石垣山城が完成すると、秀吉は本陣を移し、小田原城側の樹木を一気に伐採させた。籠城していた兵たちは、一夜のうちに城郭が出現したので肝をつぶし、戦意をなくした。見たこともない石垣の城である。実際の工期は4月から6月まで、延べ4万人を動員して、80日ほどを要したが、秀吉は城兵への心理的効果を狙い、一夜で完成したように演出した。

城主の北条氏直は、籠城兵の助命を条件に開城した。秀吉は、主戦派の北条氏政、北条氏照、松田憲秀(のりひで)、大道寺政繁の4人に切腹、氏直は家康の娘婿なので助命し、高野山へ追放した。5代、100年続いた北条氏は戦わずして滅んだ。石垣山城は、徳川家康の家臣で小田原城主になった大久保長世の預かりとなったのち廃城になった。

⑧ 井戸曲輪跡

⑦ 北隅の展望台から箱根の山々

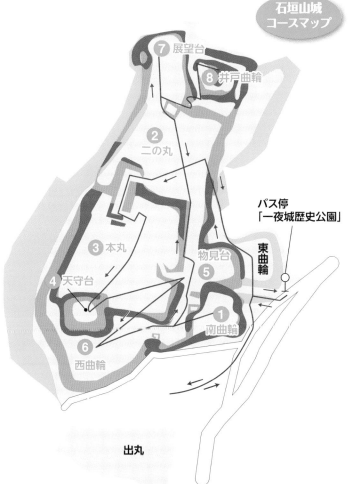

利用し、周囲に石垣を積み上げて、その底に井戸を造っている水の手曲輪（井戸曲輪）だ。井戸は二の丸から25ｍも下がったところにあり、水が枯れてはいない。井戸端まで下って、周囲の石垣を見上げると、石積みの迫力に圧倒される。現在立ち入りできないように柵ができている。

バス停に戻る前に、駐車場と一夜城ヨロイズカファームマルシェ（地元農産物直売所）があるあたりを歩いてみよう。西曲輪の南には大堀切を隔てて、出丸があるが、藪である。

石垣山城
コースマップ

⑦ 展望台
⑧ 井戸曲輪
② 二の丸
③ 本丸
④ 天守台
⑤ 物見台
① 南曲輪
⑥ 西曲輪
東曲輪
バス停
「一夜城歴史公園」
出丸

出典：現地案内板を参考に作成

小田原城総構

北条氏は小田原城と城下を、９kmにも及ぶ堀と土塁で囲んで豊臣秀吉の来襲に備えた

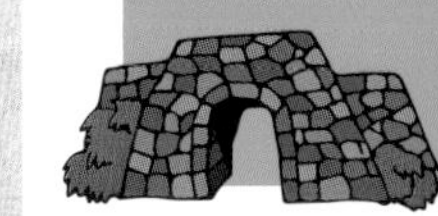

めだかの学校前の坂道を南に上る

小田原駅西口の北条早雲像

北条早雲像が建つ小田原駅西口から、西へ坂を登る。城下交差点に出たら県道74号を北に向かい、税務署西交差点を左折する。「めだかの学校」前の舗装された坂道を南に登る。この地に童謡「めだかの学校」を意識した建物があるのは、作詞者の茶木滋が荻窪用水のあるこの辺りをイメージして作詞したからとか。

登りきったところが❶総構城下張出の東側の空堀跡で、現在でも雛壇状に東側に下っていく堀の様子が見られる。総構城下張出（標高41m、東西15m×南北10m）は、総構北端の平場と堀が総構のラインから外側にコの字形に張り出した箇所で、これにより総構に取りつく敵方に対して横から攻撃を仕掛ける（横矢掛かりという）ことができる。

❶ 総構城下張出の東側の空堀跡

山ノ神堀切へは、南に歩き、「待ちぼうけ」の標識と「丘陵上で営まれた旧石器時代の生活」という説明版が建つ分岐を右折する。肝心の山ノ神堀切の道標はない。右折してすぐ左手に数台停まれる駐車場があり、そのあたりから、小田原城の天守が眺められる。❷山ノ神堀切は、小

DATA

歩行距離……約4.5km　歩行時間……約2時間

所在地　小田原市谷津、荻窪、緑4丁目、城山3丁目・4丁目

参考　国土地理院２万5000分の１地形図　小田原北部

【弁当のオススメ場所】「山ノ神堀切」
【トイレ】「三の丸外郭新堀土塁」に簡易トイレがある
【特記事項】コースの大半は上り下りの道です
【問合せ先】
・小田原市役所観光課：☎0465-33-1521

東堀の横矢折れ

田原城の一画を形成した谷津丘陵上の行き来を制約するために造成した堀切。北側は高低差をもって総構堀と連結し、南側は百姓曲輪と連携して御前曲輪（現、城山陸上競技場）を区画する役割も担っている。堀切を下に降りることができるので、歩いてみよう。昼飯を摂るのはここがいいだろう。

元の道に戻って、250mほど歩くと道沿いにペチカの歌詞の標識と、稲荷森25mを示す道標が建っている。小道に入ると、竹林の中に堀が地形に沿って弧を描いているのを見下ろせる。堀の深さは約10m。総構の中で最も良好に遺構が残っているといわれる③稲荷森だ。

② 山ノ神堀切

③ 堀が弧を描いている稲荷森

入口まで戻り、300mほど歩くと、道が3方向に分かれる。④小峰御鐘ノ台大堀切である。東堀は土塁頂部で標高が約100m。発掘調査によって、堀障子、土橋、横矢折れが確認されている。堀障子は堀底から畝状に立ち上がる仕切りを指し、保水や堀内での移動を妨げる障害物としての機能をもつ。堀障子を持つ堀を障子堀という。東堀は、戦国時代、この先下っていくと現れる三ノ丸新堀と同時期に作られているが、西堀と現在道路になっている中堀は、天正18年（1590）の豊臣秀吉との小田原合戦への備えとして、小田原城の防衛機能を高めるため総構と一緒に作られた堀跡。本丸へと続く八幡山丘陵の尾根を分断して構築されている。まず西堀の公開されている範囲にある「埋もれた堀」、土塁、露出している空堀を歩いてみよう。次に東堀を下る。

東堀は、幅が約20～30m、深さは土塁の頂上から約12mある。堀の角度は50～60度という急こう配だが、整備されているの

④ 小峰御鐘ノ台大堀切東堀

コースと所要時間

スタート　JR小田原駅西口
0.3km 10分
城山交差点
0.6km 15分
税務署西交差点
0.3km 10分
① 総構城下張出
0.6km 15分
② 山ノ神堀切〈弁当〉
0.3km 10分
③ 稲荷森
0.3km 10分
④ 小峰御鐘ノ台大堀切東堀
0.4km 10分
⑤ 三の丸外郭新堀土塁
1.0km 25分
⑥ 八幡山古郭東曲輪
0.7km 20分
ゴール　JR小田原駅西口

⑤三の丸外郭新堀土塁

で堀底は歩きやすい。この雄大な堀は、総構の写真には決まって登場するが、素晴らしさはあせてはいない。中ほどで土塁を登り、堀底を眺めるのもいい。堀底に下って、横矢折れと呼ばれるクランク状の堀底を通ると、三の丸外郭新堀土塁と、八幡山古郭東曲輪との分岐に下りつく。左前には相洋中高等学校がある。

⑤**三の丸外郭新堀土塁**は、絶景スポットといっても過言ではない。前方には相模湾、真鶴半島まで続く海岸線。新幹線、在来線、立ち並ぶ街並み。石垣山一夜城、細川忠興（ただおき）の陣場だった富士山砦も眺められる。三の丸外郭新堀土塁は、小田原城の西端で一部が総構と重なっている地点だ。ここは、15時に施錠されて入れなくなるので注意が必要だ。一休みしたら、やや戻って、八幡山古郭東曲輪へ向かう。

⑥**八幡山古郭東曲輪**は、八幡山古郭の東寄りに位置する標高69m付近の平坦地。目の前に小田原城の天守、西方に石垣山一夜城跡を望める。ここは総構で

三の丸外郭新堀土塁から見た真鶴半島方面

小田原城総構小史

天正15年（1587）、小田原北条氏は、天下統一を目指す豊臣秀吉の来攻に備えて、小田原城と城下を9㎞に及ぶ堀と土塁で囲んだ総構を築き始めた。堀幅は20〜30m、深さ10〜15mの規模で、堀の法面は、50〜60度の急角度で作られ、堀底に障壁がある障子掘りだった。粘性と保水性の高い関東ローム層でできた総構は、滑りやすく、攻めにくく、城内への侵入を阻んだ。

箱根火山から続く自然の地形を巧みに生かした総構は、小峰御鐘ノ台の標高123・8mをピークとして、丘陵部から海岸線までの広範囲に及び、その中には城下の家屋敷はもとより、領民の居住エリアや籠城戦中でも食糧生産ができる広い田畑も含まれていた。小田原城は城下を取り込むことによって、戦国時代最大級の城郭となった。

尾根は城山公園の西で、北東に延びる谷津（やつ）丘陵、東側の県立小田原高校や大田原城址公園方面に延びる八幡山丘陵、南側の天神山丘陵という3方向に枝分かれして低地部へ傾斜していく。そのうち総構は、谷津丘陵と天神山丘陵に築かれていた。3つの丘陵の分岐には大堀切が3条設けられ、尾根を分断していた。東に延びる八幡山丘陵上には八幡山古郭や低地に近世の小田原城が設けられており、大堀切によって丘陵を分断して八幡山古郭や小田原城を防御していた。谷津丘陵上の総構は、小田原城の北東にある山王口（江戸口見附）へ緩やかに下っていく。天神山丘陵上の総構は、三の丸外郭新堀土塁と組み合わさりながら、板橋口へ下っていく。

天正18年（1590）、小田原城は豊臣秀吉が率いる15万もの軍勢に包囲されたが、総構が突破を許さず、3ヶ月もの籠城戦が展開できた。

現在、430年以上も前の、丘陵部の総構の遺構があるのは、江戸時代に小田原藩の御留山として立ち入りが禁止されていたことによるといわれている。

はないが、八幡山丘陵は戦国時代の小田原城の中心部であったと考えられる。室町時代中ごろ（15世紀前半）、大森氏によって八幡山付近に築かれた小田原城跡。この城を、明応4年（1495）、伊豆を平定した北条早雲（伊勢宗瑞）が、相模国への進出を目指して、大森氏から攻めとった歴史がある。ゴールの小田原駅までは、あと一息だ。

❻ 八幡山古郭東曲輪から小田原城の天守が見える

小田原城総構
コースマップ
めだかの学校
税務署西交差点
コンビニ
エンスストア
❸ 稲荷森
❷ 山ノ神堀切
百姓曲輪
御前曲輪
❶ 総構
城下張出
「待ちぼうけ」の標識
※迷いやすいので注意!
114
相洋中学校・
相洋高等学校
❹
小峰御鐘ノ台
大堀切東堀
❺ 三の丸
新堀土塁
城山交差点
START
GOAL
小田原駅
❻ 八幡山古郭
東曲輪
小田原城

小田原城（おだわらじょう）

北条氏綱から4代、関東一円に勢力を広げた北条氏の本拠。天正18年（1590）に、豊臣秀吉の15万の軍勢に包囲され開城、北条氏は滅亡した

東口の広場へ出て、コーヒーショップ脇の「おしゃれ横丁」という路地に入っていくと、❶北条氏政、氏照の墓所がある。天正18年（1590）、北条氏が豊臣秀吉に降伏した際、城主・北条氏直は徳川家康の娘と結婚していたので切腹を免れ高野山に追放された。代わりに父・氏政と氏照（氏政の弟）が責めを負わされた。中央の五輪塔は氏政、左の五輪塔は氏照の墓、右の大きな五輪塔は、氏政夫人の墓と伝わる。

❶ 北条氏政、氏照の墓所

路地を出て、万葉の湯の前を通って、お堀端通りを小田原城に向かう。左手に三の丸の北門にあたる❷幸田口門跡。北条時代から江戸時代の前半にかけては、四ツ門と呼ばれた。三の丸土塁は東へ小田原郵便局の裏側まで残っている。永禄4年（1561）、北関東で敵対する上杉謙信が越後から侵攻し、こ

❷ 幸田口門の土塁

学橋

DATA

歩行距離……約4.1km　**歩行時間**……約2時間10分

所在地　小田原市城内6－1

参考　国土地理院2万5000分の1地形図　小田原北部

【弁当のオススメ場所】本丸広場、二の丸広場

【トイレ】内城には、方々にある

【問合せ先】

・小田原市役所経済部観光課
　観光振興係：☎0465-33-1521

・天守閣：☎0465-22-3818

箱根登山鉄道・箱根板橋駅

の四ツ門に肉薄した。

すぐ先で二の丸堀と出会う。堀に架かる朱色の学橋、二の丸の隅櫓を右に見て、❸馬出門土橋（めがね橋）を渡る。馬出門は、三の丸から二の丸に向かう正規の登城ルートに位置する門。寛文12年（1672）に枡形に改修されたときの姿に、復元されている。内冠木門を出ると馬屋曲輪である。住吉堀に架かる住吉橋を渡って、❹銅門（二の丸の表門）を入る。銅門は、明治5年（1872）に解体され、平成9年（1997）に復原された内仕切門、櫓門を組み合わせた石垣による枡形門である。扉の飾り金具に銅が用いられていたのが名前の由来である。銅門広場を通り抜け、二の丸広場に建つNINJA館（歴史見聞館）とイヌマキの巨木の間を登ると本丸東堀に出る。堀に植えられたハナショウブの開花は、6月。

本丸の正面に位置する門は、

隅櫓

❸ 馬出門土橋（めがね橋）の先に馬出門

❹ 銅門

住吉橋を渡って銅門へ

コースと所要時間

- スタート　JR小田原駅東口
- 0.1km　5分
- ❶ 北条氏政・氏照の墓所
- 0.4km　10分
- ❷ 幸田口門跡
- 0.5km　15分
- ❸ 馬出門土橋〈めがね橋〉
- 0.1km　5分
- ❹ 銅門
- 0.3km　10分
- ❺ 常盤木門
- 0.1km　10分
- ❻ 本丸跡・天守〈★1〉
- 0.3km　10分
- ❼ 報徳二宮神社
- 0.3km　10分
- ❽ 箱根口門跡
- 1.3km　35分
- ❾ 早川口遺構
- 0.3km　10分
- ❿ 大久保寺
- 0.4km　10分
- ゴール　箱根登山鉄道・箱根板橋駅

〈★1〉<入場料:大人510円・30分>

⑤常盤木門。最も大きく、堅固につくられていた。元禄16年（1703）の地震により崩壊したが、宝永3年（1706）に再建され、明治3年（1870）の廃城までその姿をとどめていた。現在の門は、昭和46年（1971）の再建である。

常盤木門を抜けると、⑥本丸跡である。本丸の広さは東西約150m×南北約114m。西端に天守台、中央に本丸御殿、北に鉄門（裏門）があった。現在地に北条氏が本拠を移したのは、3代氏康。5代氏直が豊臣秀吉の小田原攻めで開城するまでの拠点だった。

近世の本丸御殿は、将軍が上洛時に宿泊するために建設されたが、寛永10年（1633）の寛永小田原地震で倒壊し、翌年に再建、元禄16年（1703）の地震により倒壊、焼失し、以後は再建されなかった。

二の丸広場のイヌマキの巨木

本丸東堀

⑤ 常盤木門

⑥ 本丸跡・天守

天守は、宝永2年（1705）に外観三層、内部四階の「天守櫓」、入口の「付櫓」、両者を結ぶ「続櫓」の三層からなる櫓群として再建されたが、明治3年（1870）の廃城によって取り壊された。現在の天守は、昭和35年（1960）に鉄筋コンクリート造りで復興されたもの。外観は江戸末期の姿、内部は小田原の歴史資料や甲冑、刀剣、絵図、古文書などの展示室。4階の高欄付き廻縁からは房総半島から伊豆大島までが望める。

天守を出たら、小峰曲輪の跡地に建てられた⑦報徳二宮神社に向かう。拝殿の右手の空堀は小峰曲輪北堀。堀幅は21m、元の深さは、7～8mほど。石垣を用いない土塁と空堀は、戦国時代の城の原形を留めている。

報徳二宮神社は、城主の大久保忠真に登用され、農村の建て直しに数々の業績を残した二宮尊徳（幼名は金次郎）を祀った神社で、明治27年（1894）建立された。尊徳の「尊徳仕法」と呼ばれる建て直しの根本思想は、努力と倹約で、いたって平凡。「御感の藤」と名付けられた藤棚の脇を通って、⑧箱根口門跡に出る。「御感の藤」は、もとは、二の丸御殿に鉢植えされていたという藩主・大久保公愛玩の藤とか。5月の開花期には見事な藤棚を作る。箱根口門の藩校・集成館の跡地には、現在、三の丸小学校が建つ。校庭南隅の道路脇には、箱根口門の石垣が残る。北条時代後期に大手門があったところだ。

⑦ 報徳二宮神社

国道1号を横断し、小田原文学館前を通る西海子小路を北西に歩き、御厩小路に突き当たったら、左折する。200mほど歩いた右手の民家の脇に細い流れが出てくるので、これに沿う小道に入ると右手に土塁が見え⑨早川口遺構（国指定史跡）に出る。総構の南西の平地に位置する虎口（城の出入口）で、土塁が二条平行し、その間の堀を道としている。135号に出て早川口交差点を左折し、東海道線、箱根登山鉄道のガードをくぐると左手に⑩大久保寺がある。北条氏が滅んだ後の城主大久保忠世は、この寺を大久保家の菩提寺とした。墓所には、忠世、2代忠隣など一族の墓が並ぶ。東海道新幹線のガイドをくぐると、箱根板橋駅は間もない。

⑧ 箱根口門跡

西海了小路

⑩ 大久保家の菩提寺となった大久保寺

⑨ 早川口遺構

出典：小田原城現地案内板を参考に作成

小田原城小史

応永23年（1416）の上杉禅秀の乱のとき、駿河の大森頼春が箱根権現に逃げてきた関東管領・足利持氏を助け、駿河の守護今川氏に届けた。この功により、頼春は箱根一帯の支配権を得て、翌年、禅秀に味方した土肥、小早川の一族を追い出して小田原に城を築いた。以後5代、80年、戦国期の藤頼の代まで当城にあって西相模を抑えていた。

明応5年（1496）に山内上杉顕定が相模に攻め込んだ時には、大森式部少輔と伊勢新九郎盛時（伊勢宗瑞）は小田原城にこもって共通の敵・山内上杉顕定と戦った。その後、伊勢宗瑞（北条早雲）が伊豆韮山城から攻め込んで大森氏から小田原城を奪っている。明応5年（1496）〜文亀元年（1501）のことである。早雲の子氏綱から4代約80年間、小田原城を居城として関東一円に勢力を広げ、戦国期には北条氏の本拠とし小田原は、東国文化の中心地として栄えた。早雲は北条を称していないが、2代氏綱が、伊勢から北条に改姓したのは、大永3年（1523）のこと。西国出身の伊勢氏は関東では「よそ者の侵略者」とみなされていた。小田原に拠点を移した氏綱は、代々相模守に任官していた鎌倉幕府の執権北条氏の名跡(みょうせき)を継承することで、相模支配の正当性をアッピールしようとしたといわれている。

永禄4年（1561）に上杉謙信が、永禄12年（1569）には武田信玄が小田原城に来襲したが、敵の兵糧が尽きるのを待つ籠城戦で強力な勢力を退けた。しかし天正18年（1590）の豊臣秀吉の15万の大軍の攻撃を受けて開城し、北条氏は滅亡した。

北条氏滅亡後、秀吉から北条氏の遺領である関東6ケ国を与えられた家康は、家臣大久保忠世(ただよ)を小田原城主とした。しかし2代忠隣が家康の怒りにふれて配流の身となり、その後幕府の

小田原駅～
小田原城

START
小田原駅
1 北条氏政・氏照の墓所
コーヒーショップ
OdakyuOX
栄町1
幸田口門跡
2
73
6 天守
5 常磐木門
小田原市城址公園子供遊園地
小峯曲輪北堀
3 馬出門土橋
馬出門
馬出門
7 報徳二宮神社
4 銅門
報徳博物館
8 箱根口門跡
三の丸小
御幸の浜
箱根口
10 大久保寺
早川口
小田原百貨店
9 早川口遺構
GOAL
箱根板橋駅
蓮昌寺
大連寺
南町3
西湖バイパス
新早川橋

直轄地として城番が置かれた時期や、藩主が阿部氏1代、稲葉氏3代、などと目まぐるしく変遷した。貞享3年（1686）、大久保氏がふたたび小田原城主に復活してから安定し、10代続いたが、明治3年（1869）に廃城となった。

真鶴半島方面

八幡山古郭東曲輪

小机城（こづくえじょう）

長尾景春の乱のとき、太田道灌が景春に同調する豊島泰経が籠もる小机城を攻めた。40年後、北条氏の支配下になった小机城は、代々笠原氏が城代を務めた

小机城跡は、鶴見川に面した標高42ｍの城山と呼ばれる丘陵にある。南の下には、かつて神奈川湊（横浜市神奈川区）から武蔵国府中（府中市）を結んだ飯田道、現在の横浜上麻生線が通る。昭和40年（1965）に開通した第三京浜道路が城跡の丘陵を南北に分断しているが、本丸と二の丸が残っている。城跡は現在、「小机城址市民の森」として整備されている。

小机駅の北口に出ると、北西に小机城跡の丘陵が見える。横浜線に沿って北西に歩き、根古谷から本丸に登る。土橋を渡ったところに城門を模した門と、脇に小さな❶城址碑が建つ。本丸はゲートボール場のように整地されている。北東隅から空堀に下って散策路に入る。

頭上には、❸つなぎの曲輪（西股総生氏が名づけた仮称）の北端が迫るかのようだ。散策路

根古谷ひろば

❶ 本丸の小机城址碑

竹林と空堀の散策路

DATA

歩行距離……約3.3km　歩行時間……約1時間35分

所在地　横浜市港北区小机町

参考　国土地理院2万5000分の1地形図　荏田

【弁当のオススメ場所】二の丸
【トイレ】登り口の根古谷ひろばにある
【特記事項】蚊などの対策もお忘れなく
【問合せ先】港北観光協会：☎045-540-2234

西曲輪跡から日産スタジアム方面

❷ 二の丸櫓台礎石

❷ 二の丸

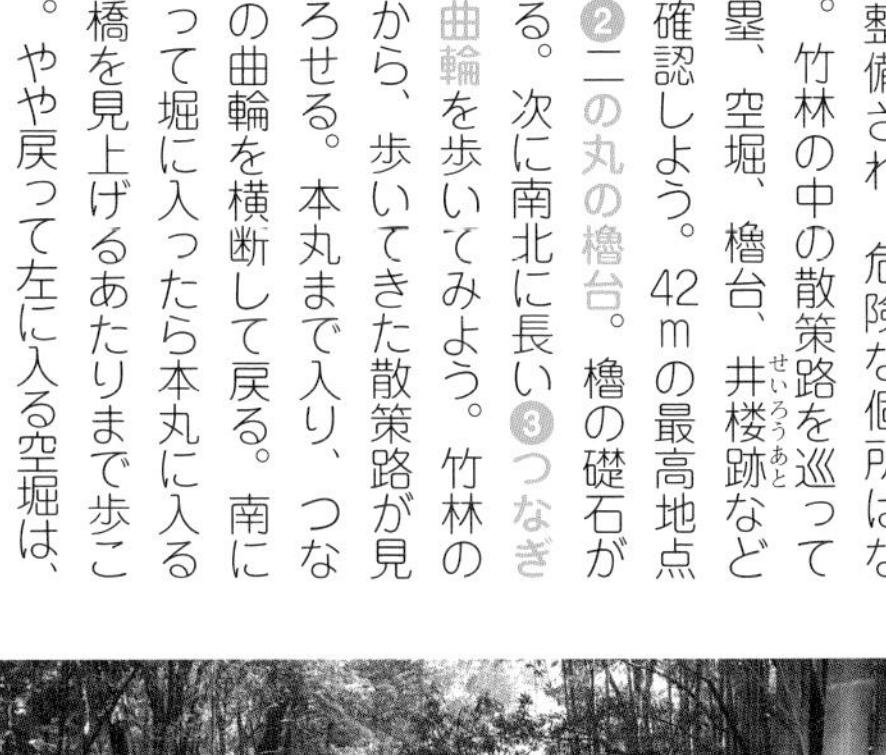

は整備され、危険な個所はない。竹林の中の散策路を巡って土塁、空堀、櫓台、井楼跡（せいろうあと）などを確認しよう。42mの最高地点は❷二の丸の櫓台。櫓の礎石がある。次に南北に長い❸つなぎの曲輪を歩いてみよう。竹林の間から、歩いてきた散策路が見下ろせる。本丸まで入り、つなぎの曲輪を横断して戻る。南に下って堀に入ったら本丸に入る十橋を見上げるあたりまで歩こう。やや戻って左に入る空堀は、本丸とつなぎの曲輪の間の空堀

❸ つなぎの曲輪

本丸とつなぎの曲輪の間の空堀

❹ 祠のある曲輪

コースと所要時間

スタート JR小机駅
↓ 0.8km 20分
根古谷ひろば
↓ 0.1km 5分
❶ 本丸
↓ 0.3km 10分
❷ 二の丸櫓台
↓ 0.1km 5分
❸ つなぎの曲輪(仮称)
↓ 0.3km 10分
❹ 祠のある曲輪
↓ 0.2km 5分
❺ 西曲輪・富士塚
↓ 1.3km 35分
❻ 雲松院
↓ 0.2km 5分
ゴール JR小机駅

だ。散策路に戻って南に登ると、❹祠が祀られた曲輪。ひと休みしたら、第三京浜道路を挟んだ西曲輪跡に向かう。西曲輪跡は現在、畑などになっている。日産スタジアム方面の眺めがよい。❺富士仙元大菩薩碑（富士塚）を見たら、南の横浜上麻生線に下り、第三京浜道路の下をくぐって東に歩く。小机駅前の信号を右折すると小机城城代笠原氏の菩提寺❻雲松院である。

初代の笠原信為は備中（岡山県西部）の出身で伊勢宗瑞（北条早雲）の下向に従って北条氏の譜代家臣になった人。都筑、久良岐、橘樹郡等の代官にも任じられている。

❺富士浅間大菩薩碑

小机城小史

小机城がいつごろ構築されたかは定かではない。扇谷上杉家の家宰・太田道灌が、「長尾景春の乱」のとき景春に同調する豊島泰経が籠もった小机城を攻めたのは、550年ほど前の文明10年（1478）から翌年にかけてである。「長尾景春の乱」の発端は、景春の父の死。嫡子の景春が関東管領・山内上杉家の家宰職を継ぐものと誰しもが思っていたが、景春の主家の上杉顕定は、景春を嫌い、景春の叔父の長尾忠景に与えた。これを恨んだ景春が、主君・顕定に叛いた。「長尾景春の乱」である。この時相模、武蔵の武士の多くは景春に味方した。武蔵では石神井城、練馬城、小沢城、小机城、相模では溝呂木城、小磯城などが景春に応じて立った。この頃、山内上杉家と扇谷上杉家は対立していたが、長尾景春の乱では、景春が敵で、両家は協力して景春と戦った。道灌は主君上杉定正の命を受けて、景春方の拠点で同調者の豊島泰経が籠もる武蔵平塚城を攻め落とした。すると泰経は景春に味方していた矢野兵庫之助がいる小机城に逃れた。道灌は鶴見川を挟んで小机城の北東1・5㎞にある亀甲山（横浜市港北区新羽町）に陣城を築いた。

伝説によれば、道灌は、このとき体調が優れず、塞ぎがち。部下たちも士気が上がらない。膠着状態を打開しようと、道灌が一心不乱に守護仏の薬師如来に祈ると、たちまち病魔は退散した。元気になった道灌は、「小机城を落すなどは、たやすいことだ。散り散りにさせてしまおう」という意味の「小机には先ず手習いの始めにて、いろはにほへと　ちりぢりになる」と味方を励ます戯歌を詠んだ。城攻めから2ヶ月後、小机城は落城した。

その後、永正13年（1516）に三浦道寸の新井城を落とした伊勢宗瑞（北条早雲）が相模一国を支配下に入れるようになった。小机城の大規模な改修を行ったのは、2代北条氏綱の時。城代には笠原信為を置いた。城主は北条氏綱の3男氏尭、氏綱の甥・氏信、氏綱の孫・氏光と引き継がれ、笠原氏が代々城代を務めた。小机城が廃城になったのは、天正18年（1590）である。

城代笠原氏の菩提寺雲松院本堂

⑥ 城代笠原家墓所

⑥ 雲松院山門

小机城 コースマップ

鶴見川

小机町

第三京浜道路

① 本丸

③ つなぎの曲輪（仮称）

② 二の丸櫓台

⑤ 西曲輪・富士塚

④ 祠のある曲輪

根古屋ひろば

金剛寺

よしかた産婦人科

横浜小机町局

START

小机駅

GOAL

泉谷寺東

稲荷神社

聖徳太子堂

正木歯科

⑥ 雲松院

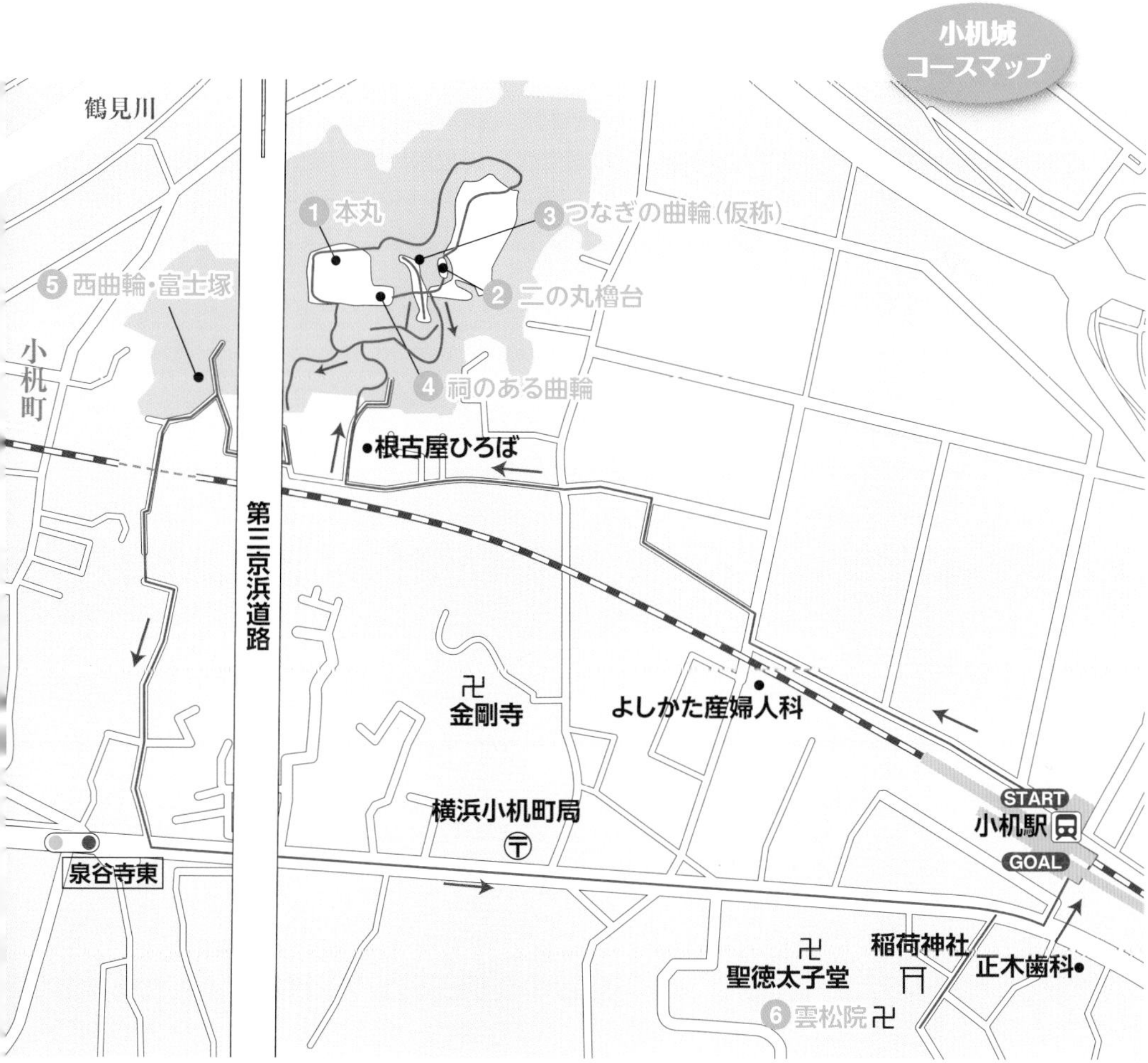

コラム1

楽しい城跡ハイキングをするには

晴れた日に歩く

普段と違わない朝を迎えた。体調は万全。晴天の一日を見定めて出発すれば、楽しい城跡ハイキングが待っている。城跡ハイキングを楽しくもし、つまらなくもするのが天気。日本気象協会 tenki.jp を見れば、2 週間先までの天気がわかるので、計画に利用できる。たとえば、小田原城に行くなら、小田原市の 1 時間天気 - 日本気象協会 tenki.jp を見る。城跡ハイキングは、山歩きが多い。滑ったり転んだりする危険があるので、雨天なら延期する。延期か実施かの判断は、当日の現地の 1 時間ごとの天気を見て、決めるといい。同行者がいないなら、当日判断してもいいので気楽だ。途中で雨に見舞われる場合に備えて、折りたたみ傘は必需品。セパレーツ式のレインウエアは一着あると便利だ

火の心配、戸締り

当日だけの早起きは、コンディションを崩す元だ。睡眠不足は、城跡ハイキングをつまらなくする。トイレは、集合駅で必ず済ます。山城ではトイレがないことが多いと心得ておこう。家を出てから火の心配、戸締りが心配という人がいる。出がけに火を使わない手段として、早朝に開いている喫茶店で朝食をとるといい。戸締りをしたか心配になる人は、チェックリストを作り、出がけにチエックを入れ、心配になったらチェックリストを見返せば、安心して城跡ハイキングに集中できるだろう。

歩くスタイル

歩きやすい服装、登山靴のような靴底に凹凸がある靴、リュックがベストだ。両手は空けておく。捻挫をしないよう坂道、階段の下りは注意だ。落葉に滑って転び、手首を骨折した知人がいる。こわごわ下る急坂よりも、こんなところで、と思う場所での事故が多い。

帽子 (キャップ、ハット) は季節に関係なく必要だ。特に夏は必需品。靴下は、5 本指つきソックスが快適。服装については、大きなスポーツ店などで相談するといいだろう。

リュックの中身は

普段から使っているリュックを使う。着替え、雨具、ザックカバー、折りたたみ傘、携帯電話、ヘッドランプ、方位磁石、地図、弁当 (おにぎり)、水、チョコレートや飴、少々のお金、保険証、筆記用具、常備薬のほか虫よけ、除菌ウエットティッシュ、ティッシュペーパー。必要に応じてカメラ、ガイドブックなど。道標、分岐、案内板をカメラで撮っておくと、写真の整理に好都合だ。

1 km を 25 分かけて

1 km を 25 分かけて歩くゆっくりペースがいい。歩く距離は、心地よい疲労が残る 5 km ぐらいが適切。日没が早い 11 月は、16 時ごろになると山中は暗くて道がわからなくなる。16 時には山城から出ているように計画すると安心だ。

第2章
北関東エリア

茨城　栃木　群馬

小幡城（おばたじょう）

交通が不便な行きにくい城跡。高い土塁に挟まれた堀底道を歩く。行き止まりの道には柵があり、迷路に入り込む心配はない

小幡城は、石岡駅の北東15km ほどにある。城の北側には寛政川が流れ、東と南が田、西は畑が広がる比高20mほどの台地に築かれている。

石岡駅から関東バスの水戸駅北口行に乗り、国道6号沿いの❶バス停「茨城小幡」で下車し、ファミリーマートに寄って弁当などの買物の用事を済ませ出発する。国道6号を新小幡バス停まで歩き、右折しホテルの看板が立つ道に入る。宿通りまで歩くと小幡城跡の道標があり、案内の通り宿通りを越えて道なりに歩く。東関東自動車道に架かる小幡城跨線橋を渡ると前方に小幡城跡の森が見える。❷小幡城入口は香取神社側にある。入口を入るとすぐ高い土塁に挟まれ、屈曲を繰り返す迷路のような堀底道を歩くようになる。空堀の深さは10mもありそう。かつては、本丸と六の郭との間の堀は二重堀になっていて、外側の堀をいくら歩いても本丸には行きつか

小幡城堀底道

五の郭・櫓跡

DATA

歩行距離	……約 2.6km	歩行時間	……約 2 時間 25 分

所在地　茨城県東茨城郡茨城町小幡

参考　国土地理院 2 万 5000 分の 1 地形図　小鶴

【弁当のオススメ場所】本丸　【トイレ】なし

【特記事項】・城跡散策は約 1 km

・往路のバスでバス停「新小幡」の一つ手前のバス停「茨城小幡」で下車すれば、ファミリーマート茨城小幡店（24 時間営業）がある。11 月以降の日没が早い時期は、城跡を 16 時までに出るよう心掛ける。ヘッドライトまたは懐中電灯を必ず用意する

【問合わせ先】・茨城町生涯学習課　☎ 029-240-7122

・関東鉄道バス水戸営業所：☎ 029-247-5111

・丸通ハイヤー石岡営業所：☎ 029-924-0202

ないように工夫されていたが、現在は、見学者が迷路に入り込まないように、行き止まりの柵が何カ所かあり、道標もあり、迷うことはない。

内側の堀底道を歩く。五の郭の北東部にある櫓台は、本丸との間の堀を監視し、堀底道の敵を迎撃するためである。

階段を登ると、櫓台にスダジイが聳え、眼下には本丸方面の堀底道が見下ろせる。東側に延びる土塁に窪みがある変形武者走りは、両側（六の郭と本丸側）の堀底道の敵を迎撃できるつくり。武者走りを戻って階段を下る。櫓台は見上げる高さだ。五の郭と本丸の間の堀底道を歩き、土橋の案内板の所から、五の郭と四の郭の間の土橋に登り、土塁を歩いて本丸に入る。

本丸は、四囲を高い土塁に囲まれ、東西約80ｍ×南北約50ｍと広い。現在は木々が育っている。片隅に井戸があり、落城時に姫が金の鳥を抱えて入水したという落城秘話がある。本丸と二の郭は城主及び重臣の居住地、家臣たちは、七の郭に住んだ。また、七の郭は、戦いの時の兵

変形武者走り

本丸は広い。四囲に土塁

本丸井戸跡

コースと所要時間

スタート　JR常磐線・石岡駅東口
バス停「石岡駅」〈★1〉
（タクシーの場合、乗車30分・約6000円／台）

↓ 25分（バス）

1　バス停「茨城小幡」〈★2〉

↓ 1.6km　25分

2　小幡城跡入口
（櫓台～五の郭と四の郭の間の土橋～本丸～四の郭～三の郭～二の郭、余裕があれば香取神社にお参り）

↓ 約1km　約2時間

3　香取神社

↓ 30分（約6000円）（タクシー）

ゴール　JR常磐線・石岡駅

〈注〉アクセスが不便な城跡で、バス便（Suica、パスモの利用可）は、石岡駅8:40発に限られる（2023年9月現在）。パスを利用しない場合は往復ともタクシーを利用する

〈★1〉関東鉄道バス　水戸駅北口行　8:40発
〈★2〉9:05着

四の郭の稲荷神社

の待機場所であり、住民たちを避難させる場所でもあった。東関東自動車道の西側の土門（つちもん）というところは、大手門があったところという。

本丸虎口前を守る四の郭の南角の稲荷神社に手を合わせたら、四の郭、三の郭、二の郭の西側の堀底道を歩いて❷入口に戻る。余裕があれば、城の鎮護のために、東北の鬼門に祀られている❸**香取神社**にお参りしたい。

小幡城小史

平成17年の発掘調査で認められた城跡

小幡城は、平成17年～18年（2005～06）にかけての東関東自動車道路建設のための発掘調査で、15世紀代に遡る遺構、遺物が認められたことから15世紀に築城されたと推測されているが、城を築いた人物は、わからない。伝承では、応永24年（1417）に大掾詮幹（だいじょうのりもと）の三男の義幹が築き、義幹の子孫が小幡氏を名乗って城主になったというが、大掾氏の当主には詮幹（のりもと）という人物はいないこと、その三男という義幹の存在も証明できない。また、鎌倉時代に小田知重の三男光重が築いたという説もあるが、信憑性が薄い。室町時代に大掾氏の持ち城だったのは確かだが、文明13年（1481）に小田氏と大掾氏の連合軍が江戸通雅（みちまさ）に敗れ、小幡城は、江戸氏の持ち城となった。現在の城域約12ヘクタールが整備されたのは、元亀～天正年（1570年代）と思われ、府中城の大掾（だいじょう）氏を攻める拠点として重要な役割を果たした。安土桃山時代の天正13年（1585）の書状には、小幡城将として大塚弥三郎と小幡孫二郎の名がみえる。この頃、城の守りを強化するため、涸沼（ひぬま）周辺の土豪が当番制で動員されている。

豊臣秀吉の小田原征伐で落城

豊臣秀吉が小田原の北条氏を攻めの時、佐竹氏は参陣したが、江戸氏は参陣しなかった。太田城（常陸太田市）の佐竹義宣（よしのぶ）は秀吉から常陸54万石の所領を安堵された。これを楯に、佐竹氏は一挙に南下し、江戸氏は居城の水戸城を攻められ落城させられた。その後間もなく小幡城も落城し、以後佐竹氏の支城となった。

その後、小幡は関ヶ原の戦いの後、慶長7年（1602）の佐竹氏の秋田移封まで、佐竹義宣の直轄地となり、家臣の和田昭為（あきため）が管理していたが、佐竹氏が秋田に転封となった際に廃城となった。

櫓跡のスダジイ

堀底道

香取神社の付近から小幡城のある森

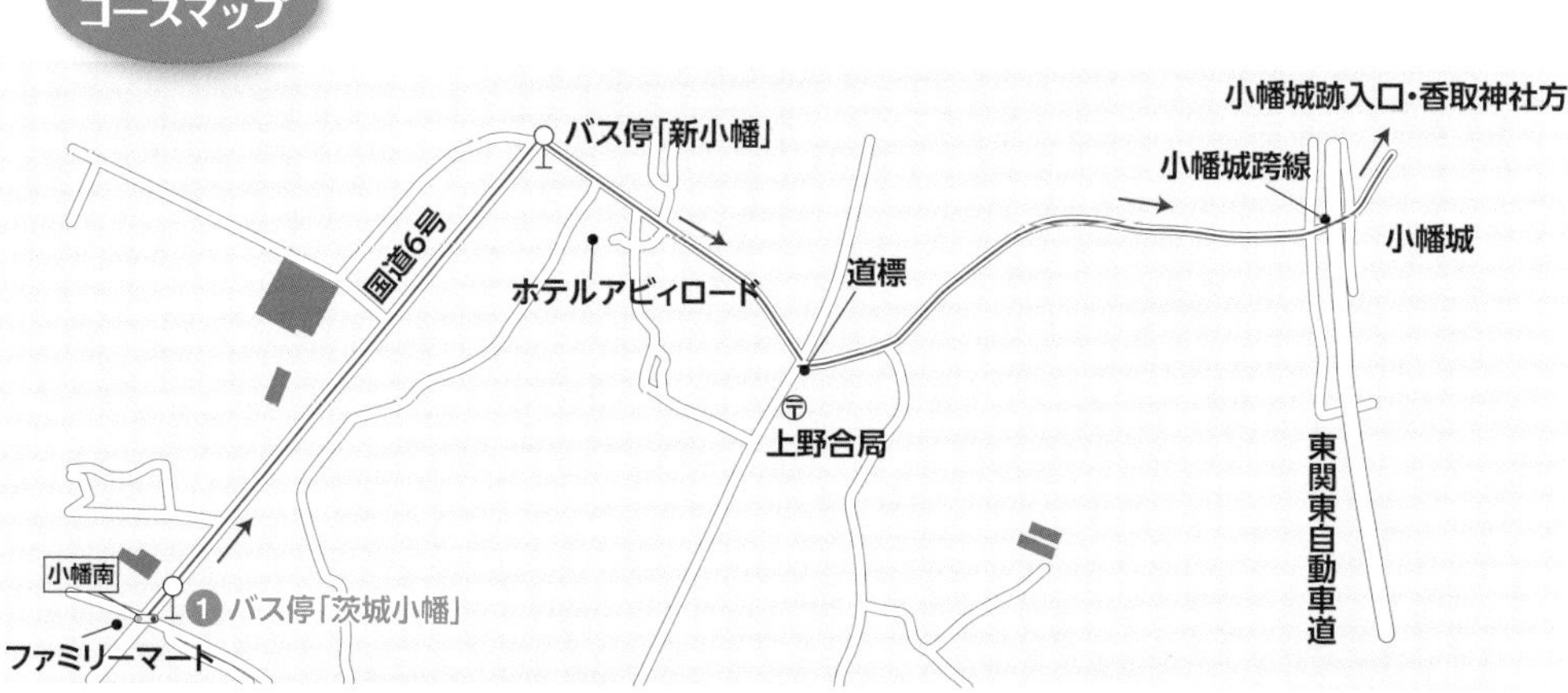

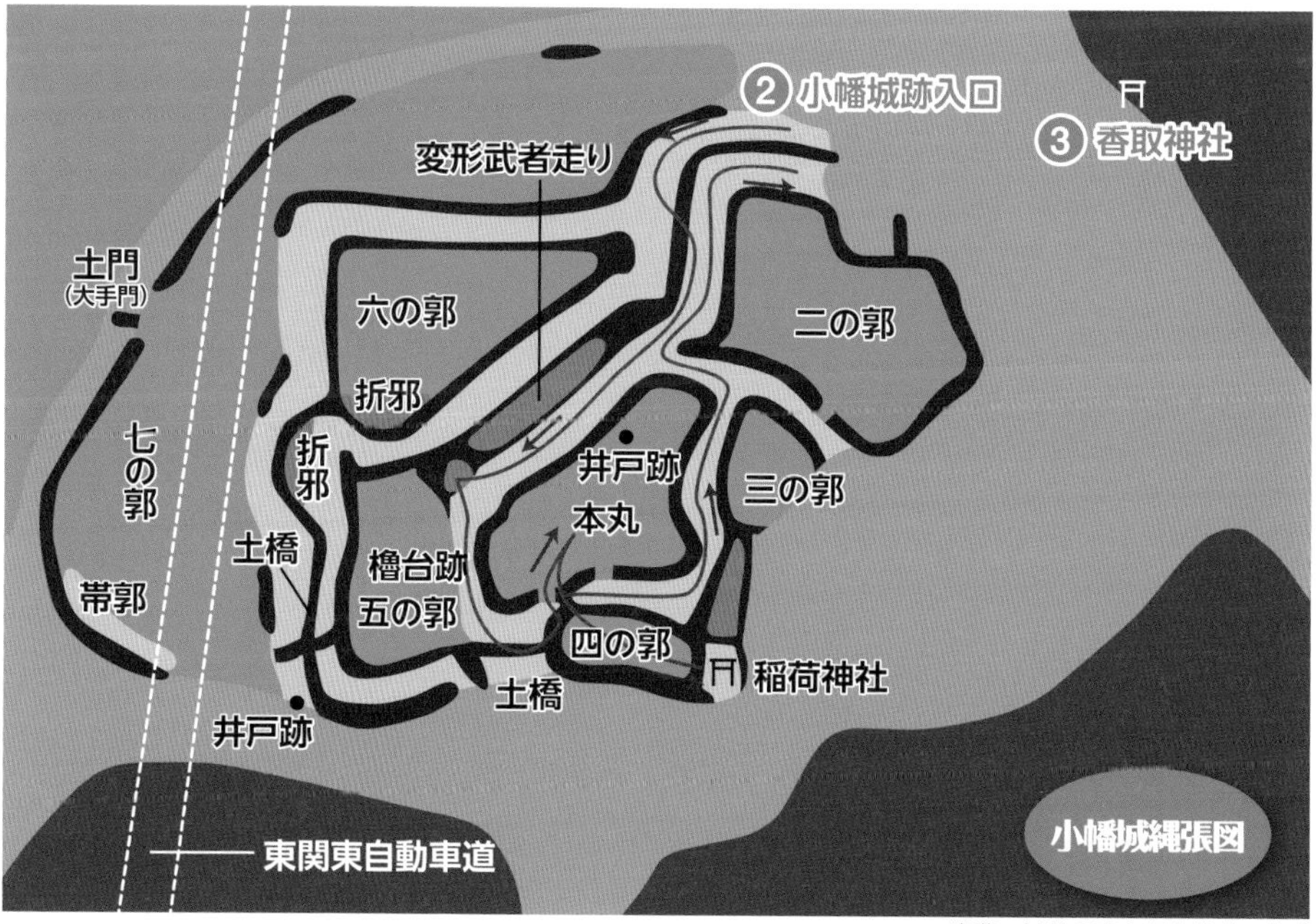

出典：城跡の案内板を参考に作成

土浦城～小田城

土屋直政から11代、約200年世襲して明治維新を迎えた土浦城
南北朝時代、南朝の拠点になった小田城

土浦城コースガイド

土浦駅の西口から国道125号を北西に歩くと、旧桜川に架かっていた桜橋の跡に出る。土浦の道路の基点で、道路元標が建っている。天ぷらの「ほたて」を左折すると、水戸街道土浦宿の中城町。さらに西へ田宿町、大町へと続く。まず、❶**まちかど蔵「大徳」**に寄ろう。幕末に建てられた蔵で、観光情報を提供するアンテナショップ。向かいには、まちかど蔵「野村」がある。大徳の西側の矢口家住宅は、総瓦葺きの2階建て。袖蔵店舗を持つ。土などを厚く塗り込んだ塗籠（ぬりごめ）造り防火構造。その隣が吾妻庵総本店。

等覚寺の銅鐘

宿町に入ると、左手に等覚寺。建永年間（1206-07）に鎌倉幕府の御家人の八田知家（ともいえ）が寄進した銅鐘は、重要文化財である。隣の東光寺瑠璃光殿の彫刻を見てから、❷**南門跡**へ。この堀には簀子（すのこ）橋が架かっていた。

往路を戻り、❸**大手門跡**から西郭（土浦小学校）に沿って歩き、右折して二の丸に入る。❹**櫓門（太鼓櫓）**を潜ると本丸である。現在は二の丸跡、本丸跡が亀城公園になっている。

櫓門（太鼓櫓）から東櫓に続く土塁上の土塀は復元である。❺**東櫓**の内部を見学し、❺**霞門**、

❹ 櫓門（太鼓櫓）

DATA

歩行距離……約 4.8 km　**歩行時間**……約 2 時間 20 分

所在地　[土浦城] 土浦市中央１丁目／ [小田城] つくば市小田

参　考　国土地理院２万 5000 分の１地形図　土浦、上郷

【弁当のオススメ場所】土浦城内にベンチがある。また城跡の近くには食事処あり

【トイレ】土浦博物館内にある

【特記事項】・土日に小田城も登城するなら、バス停「桜橋」を 14:07（平日は 13:22）に乗車する。小田城を散策し、バス停「宝筐山入口」を 17:39（平日は 16:19）に乗れば、18：20(平日は 17:05) に土浦駅西口に戻れる。(2023 年９月現在) バス便が極端に少ないため、計画時にバス便は要確認

【問合せ先】・土浦市観光協会：☎ 029-824-2810

・関東鉄道バスつくば北営業所：☎ 029-866-0510/ 関東鉄道バス土浦営業所：☎ 029-822-5345

土浦城小史

土浦城は、永享年間（1429〜40）に、在地領主の若泉氏が築城したという。近世城郭として体裁を整えたのは、関ヶ原の戦い後に松平信一が入封（にゅうほう）してからである。土浦城は霞ヶ浦がある東方を除いて、内堀、外堀のほか三重の堀をめぐらしていた。洪水になると、城だけが亀の背のように水の中に浮かんで見えたことから、亀城ともいった。

土浦城は、江戸時代の初期には次々城主が代わったが、中期以降は土屋氏が代々城主になり、明治を迎えた。土屋政直は、老中在職が30年にもおよび、5代将軍・綱吉から4代の将軍に仕えた。

❺ 霞門

❽ 移築された旧前川口門

❻西櫓の外観を見て、❼土浦博物館に入る。1階には、国宝短刀（筑州住行弘（ちくしゅうじゅういくひろ））ほか土屋家ゆかりの刀剣や茶道具、2階は、土浦のあゆみが紹介されている。見学後、武家屋敷と町屋の間を仕切っていた❽旧前川口門（移築）を出て❾搦手門跡を確認し、不動院と琴平神社の間を抜け、水戸街道に出る。小田城に行く時間的余裕があれば、❿桜橋バス停から関東バスに乗る。

桜橋跡道路元標

コースと所要時間

- スタート JR土浦駅
- 0.8km 20分
- ❶ まちかど蔵「大徳」
- 0.5km 15分
- ❷ 南門跡
- 0.4km 10分
- ❸ 大手門跡
- 0.3km 10分
- ❹ 櫓門（太鼓櫓）
- 0.1km 5分
- ❺ 東櫓と霞門〈★1〉
- 0.1km 5分
- ❻ 西櫓
- 0.1km 5分
- ❼ 土浦博物館〈★2〉
- 0.3km 10分
- ❽ 旧前川口門
- 0.2km 5分
- ❾ 搦手門跡
- 0.2km 5分
- ❿ バス停「桜橋」〈★3〉
- 26分
- ⓫ バス停「宝筐山入口」〈★4〉
- 0.9km 25分
- ⓬ 小田城跡（歴史ひろば）
- 0.9km 25分
- バス停「宝筐山入口」〈★5〉
- 40分
- ゴール バス停「土浦駅西口」〈★6〉

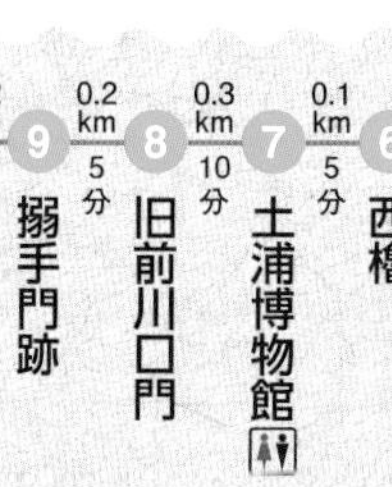

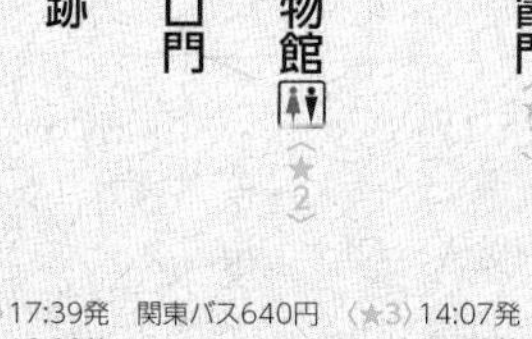

〈★1〉東櫓<入館料105円>
〈★2〉入館料は東櫓と共通
〈★3〉14:07発　関東鉄道バス640円
〈★4〉14:33着
〈★5〉17:39発　関東バス640円
〈★6〉18:20着

小田城コースガイド

小田城は土浦城の北西10㎞ほどの所にある。関東鉄道バスを⑪宝篋山入口で下り、すぐ先の小田十字路を左折し、八坂神社前を左折すると、次の十字路に観光案内版と大きな庚申塔が建っている。ここを直進して行くと⑫小田城跡である。城跡を走っていた筑波鉄道の廃線跡を桜川市犬田と土浦市川口を結ぶ、全長40・1㎞の自転車道（通称りんりんロード）が通り抜けている。城跡を散策したら、宝篋山入口バス停17：59発（土日）の関東鉄道バスで土浦駅に戻る。

八坂神社

十字路にある庚申塔

小田城小史

小田氏は、源頼朝の御家人・八田知家を祖とし、4代目の時知から小田を名乗った。時代が下って、2つの朝廷が並び立つ南北朝時代は、京都・光明天皇の北朝、吉野・後醍醐天皇の南朝が60年にわたって反目を続けていた。その延元3年＝暦応元年（1338）、南朝方は、奥羽地方の兵力を結集して再興を計ろうと、義良親王（のちの後村上天皇）を奉じ、補佐役として北畠親房、その次男・顕信を鎮守府将軍とし、伊勢を出港した。途中で暴風雨に遭い、親王の船は伊勢に吹き戻され、親房の船は常陸東条浦に漂着した。北畠親房は、神宮寺城、阿波崎城を経て小田城に入った。南朝方の北畠親房を迎えたことで、小田城は関東地方の南朝方の拠点と目された。親房は小田城で、日本建国の由来から後村上天皇までの事跡を示し、南朝の正統性を論じた「神皇正統記」を執筆した。

祖父・後醍醐天皇の猶子となった興良親王（父は護良親王）は、南朝から征夷大将軍に任じられ、小田城に入城したが、足利尊氏方の高師冬に攻められ、小田城は開城し、興良親王は大宝城に、北畠親房は関城へ逃れた。小田氏は15代続いたが、天正年間（1573～92）に佐竹勢に攻められ滅亡した。本丸と各郭が堀と土塁で囲まれた城跡は、佐竹氏の城代・梶原政景によって大規模に改修された姿である。小田城は、慶長7年（1602）、佐竹氏の秋田への国替えとともに廃城になった。

小田城からの筑波山

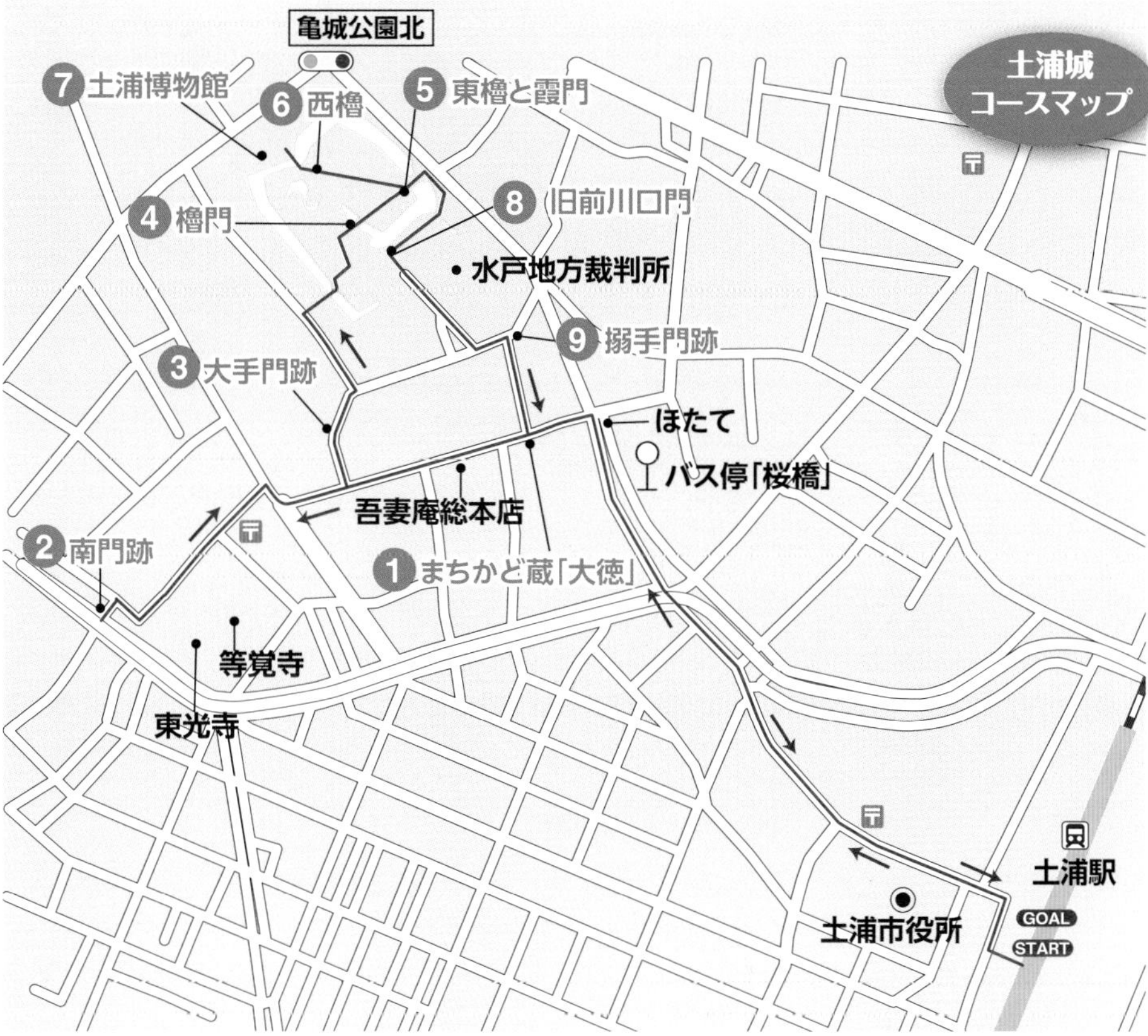

土浦城
コースマップ
亀城公園北
7 土浦博物館
6 西櫓
5 東櫓と霞門
4 櫓門
8 旧前川口門
水戸地方裁判所
9 搦手門跡
3 大手門跡
ほたて
バス停「桜橋」
吾妻庵総本店
2 南門跡
1 まちかど蔵「大徳」
等覚寺
東光寺
土浦駅
GOAL
START
土浦市役所

小田城
コースマップ
八坂神社
小田小
観光案内板
小田十字路
11 バス停「宝筐山入口」
12 小田城跡歴史ひろば
解説寺

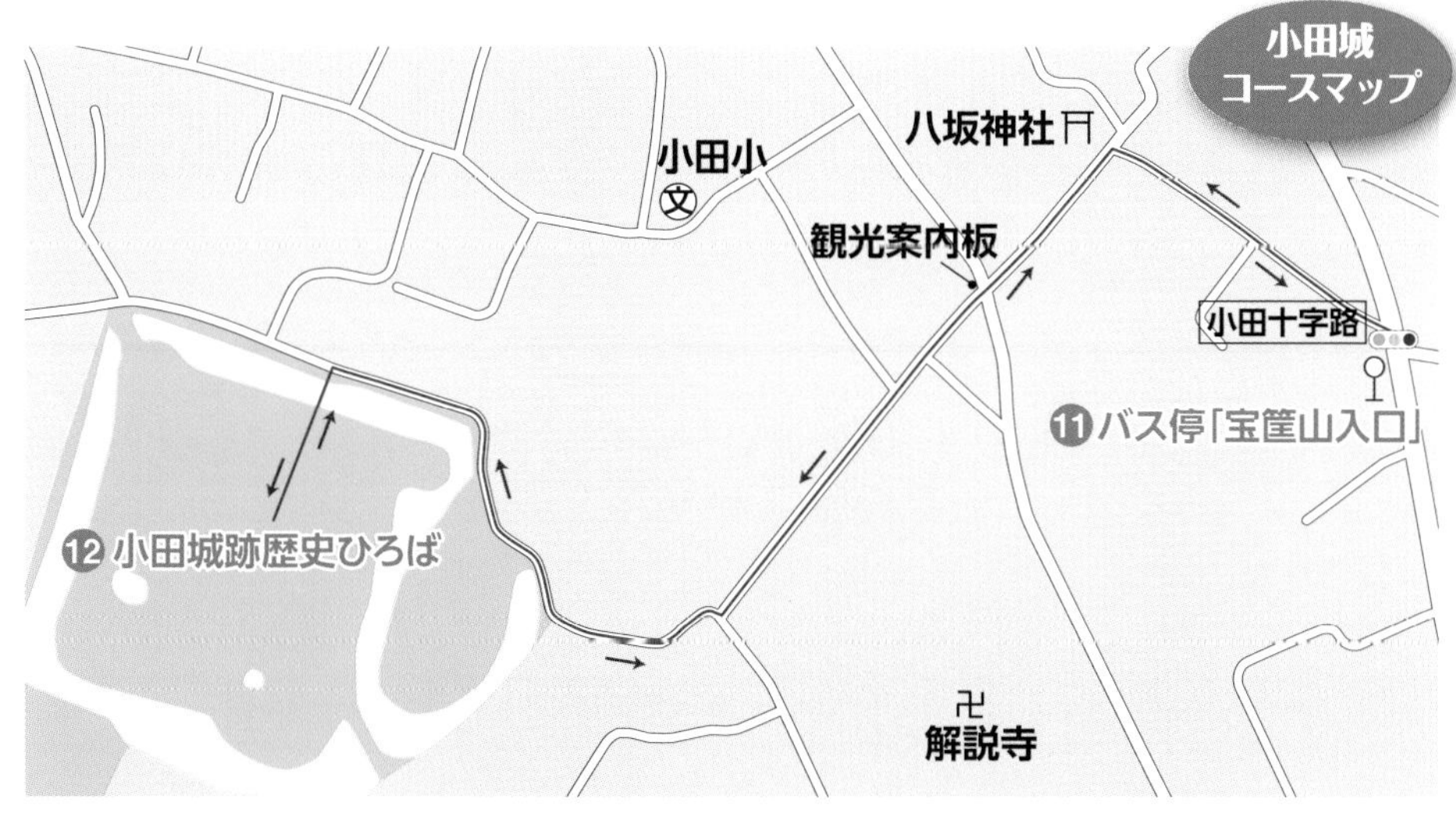

第2章
北関東

牛久城（うしくじょう）

南進する佐竹氏に対抗して、牛久城の国見氏は、北進を進める後北条氏を頼った。境目の牛久城は緊張状況が続いた

牛久城は、牛久駅から南へ2・5㎞、牛久沼の北岸の台地上にあった在地領主岡見氏が築いた城である。主郭部は台地の先端部にあるが、牛久在番の駐屯地、住民の待避所も兼ねた旧城中集落外郭部分まで含めると、東西800m、南北1㎞もある大規模な城郭である。

大手門跡

牛久駅からの牛久コミュニティーバスを❶バス停「城中北」で下車する。この辺りには、外郭の出入口をいう戸張出口の小字地名が残っている。戸張とは城門や木戸のような門の構築物を指すが、後に馬出や外郭の曲輪を指すようになった。現在は、「大手門跡」（市指定史跡）の石柱が建っているだけで、面影はない。南に歩くとすぐ得月院。日本画壇の巨匠・小川芋銭（うせん）の墓、岡見氏の次の城主になった由良国繁の母・妙印尼の墓がある。❷得月院の隣にあるトイレを利用したら、城中町の民家が並ぶ道を抜けて、木戸口に向かう。

❷ 得月院本堂

岡見一族の谷田部城が落城した後、移住者が町を作ったといわれる谷田部宿、近世では二の丸を意味する中城（なかじょう）の地名は、字名だろうか。これらの地名は、住宅地図には城中町とだけ記されている。

角馬出があったという❹木戸口あたりからは、宅地化されていない。鬱蒼とした森に入って行く。ここからが曲輪Ⅰ、Ⅱ、Ⅲで構成される牛久城の主郭部

DATA

歩行距離……約 2.4 km　**歩行時間**……約 1 時間 25 分

所在地　牛久市城中

参　考　国土地理院 2 万 5000 分の 1 地形図　牛久

【弁当のオススメ場所】牛久沼の畔
【トイレ】行きに得月院の隣のトイレを利用する。他にはない
【特記事項】コースは、ほぼ平坦で危険な所はない。草深い所があるので、虫よけの薬があったほうがよい
【問合せ先】
・牛久市文化芸術課文化財グループ：☎ 029-874-3121
・コミュニティーバス：☎ 029-873-2111（牛久市役所）
※実施時にはバスの時刻を確認すること

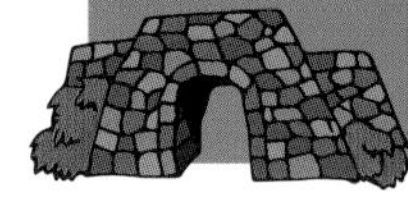

である。

　土橋の手前の曲輪Ⅳは、二重の堀に挟まれ、東西に細長く、木戸口付近から堀を渡って入るとすぐ西に直角に折れ、20ｍほど行ってから、再び直角に折れて、土橋を渡り曲輪Ⅲに入る。土橋を渡った先の左右に、２ｍほどの土塁が残っている。

　土橋を渡らず、そのまま西へ坂状の通路を下ると、曲輪Ⅲの西下の帯郭に入って行く。曲輪Ⅳは、馬出と見られている。馬出とは、堀の対岸に築いた小堡（しょうほ）塁（るい）で、敵の攻撃を防ぐためや、敵を攻撃するために、石や土で築いた砦。曲輪Ⅳは、主郭部の虎口の前面にあり、全体の防御を担っている。

　土橋を渡り、曲輪Ⅲの虎口を入ってすぐ左折し、曲輪Ⅱの坂の虎口を入る。南北１００ｍ、東西50ｍの広々した平坦な曲輪で、東側の土塁が一部崩落しているが、高さ2～3ｍほどの土塁が全周している。南に曲輪Ⅰが隣接しているが、曲輪Ⅱと曲輪Ⅰの間には、深い空堀があり、曲輪Ⅱから曲輪Ⅰに行けない。曲輪Ⅰへ行くには、虎口（一ヶ所）を出て曲輪Ⅲの東側を空堀に沿って南に歩く。曲輪Ⅲは南北120ｍ、東西30ｍの広さで、高さ2ｍほどの土塁が巡っているが、現在大部分が杉林で、下

③ 木戸口あたり

③ 土橋

④ 曲輪 Ⅲ西下の帯郭

コースと所要時間

スタート　**JR牛久駅西口**　バス停⑤番乗場〈★1〉
↓ バス 18分
① **バス停「城中北」**〈10：58着〉
↓ 0.1km 5分
② **得月院**（トイレ）
↓ 0.8km 20分
③ **木戸口**〈牛久城主郭部〉〈木戸口～曲輪Ⅳ～曲輪Ⅲ～帯郭～曲輪Ⅱ～曲輪Ⅰ〉・弁当［30分］
↓ 1.5km 60分
④ **バス停「元気館前」**〈★2〉
↓ バス 15分
ゴール　**JR牛久駅西口**〈★3〉

〈★1〉10:40（牛久コミュニティーバス刈谷・城中ルート100円）
〈★2〉14:22（牛久コミュニティーバス刈谷・城中ルート100円）
〈★3〉14:37

③ 曲輪Ⅰ（本丸跡）

草も茂っている。

曲輪Ⅲの南の土塁の手前から左手に下ると、曲輪ⅡとⅠを分ける空堀である。堀の上幅は20mもある巨大な竹林の中の空堀だが、竹が倒れ放題で荒れている。曲輪まで戻ったら、帯曲輪を歩き、外れで直角に東に折れて土橋を渡って登り、曲輪Ⅰに入る。曲輪Ⅱと同じくらいの広さで、平坦。土塁がやや低いぐらいの違いしかない。舌状台地の城の主郭は、基本的には台地先端を本丸とするのが定石というから、曲輪Ⅰが本丸になる。

祠が一つ。曲輪は南に続いていたが、削平されて原形をとどめていない。

土橋を戻って、南下にある牛久沼に向かう。船着場へ続く道で、この辺りに搦手があったらしい。東南の台地下に根古屋の地名が残っている。家臣たちの居住地域である。牛久沼を眺めたら、近くの**④バス停「元気館前」**で牛久駅西口に出るコミュニティーバスを待つ。

④ 牛久城、元気館近くから

牛久城小史

牛久城は、天文年間後半（1550年前後）の佐竹氏の南進を契機に、在地領主岡見氏よって築かれた。岡見氏は、筑波の小田氏の出で、河内郡岡見郷を名字の地とし、戦国時代に牛久城、谷田部城、足高(あだか)城などを拠点に常陸国河内郡を支配していた。小田氏が衰退すると、佐竹氏と結んだ多賀谷氏が小田氏領の西部に勢力を伸ばしてきて、岡見氏は圧迫を受けた。元亀元年（1570）には谷田部城が落城した。岡見氏は佐竹氏に降伏した小田氏を離れ、北進を進める後北条氏に接近し従属するようになった。天正5年（1577）以降、後北条氏は牛久城を足掛かりに多賀谷氏と戦うようになった。天正15年（1587）多賀谷氏は牛久沼を挟んだ西側に八崎城（つくば市）を築城し、牛久城と足高城の間に楔(くさび)を打ち込んだため、足高城は落城した。この危機に対し、後北条氏は、境目の城である牛久城を守るため、後北条氏配下の近隣の国人たちに、輪番で牛久城を守備させた（牛久番）。下総小金城の高城氏、下総布川城の豊島氏、上総坂田城の井田氏などが牛久番を務めた。こうした両勢力による緊張状況は天正18年（1590）、豊臣秀吉の小田原攻めに際して牛久城が落城するまで続いた。岡見氏の後を上野(こうずけ)金山城主であった由良国繁(ゆらくにしげ)が入城したが、元和(げんな)9年（1623）、由良氏が除封になり廃城になった。

近世になって、寛永6年（1629）に山口重政が牛久藩主になり、寛文9年（1669）山口弘隆が陣屋を置き、牛久藩が幕末まで続いた。

得月院・妙光尼の五輪塔

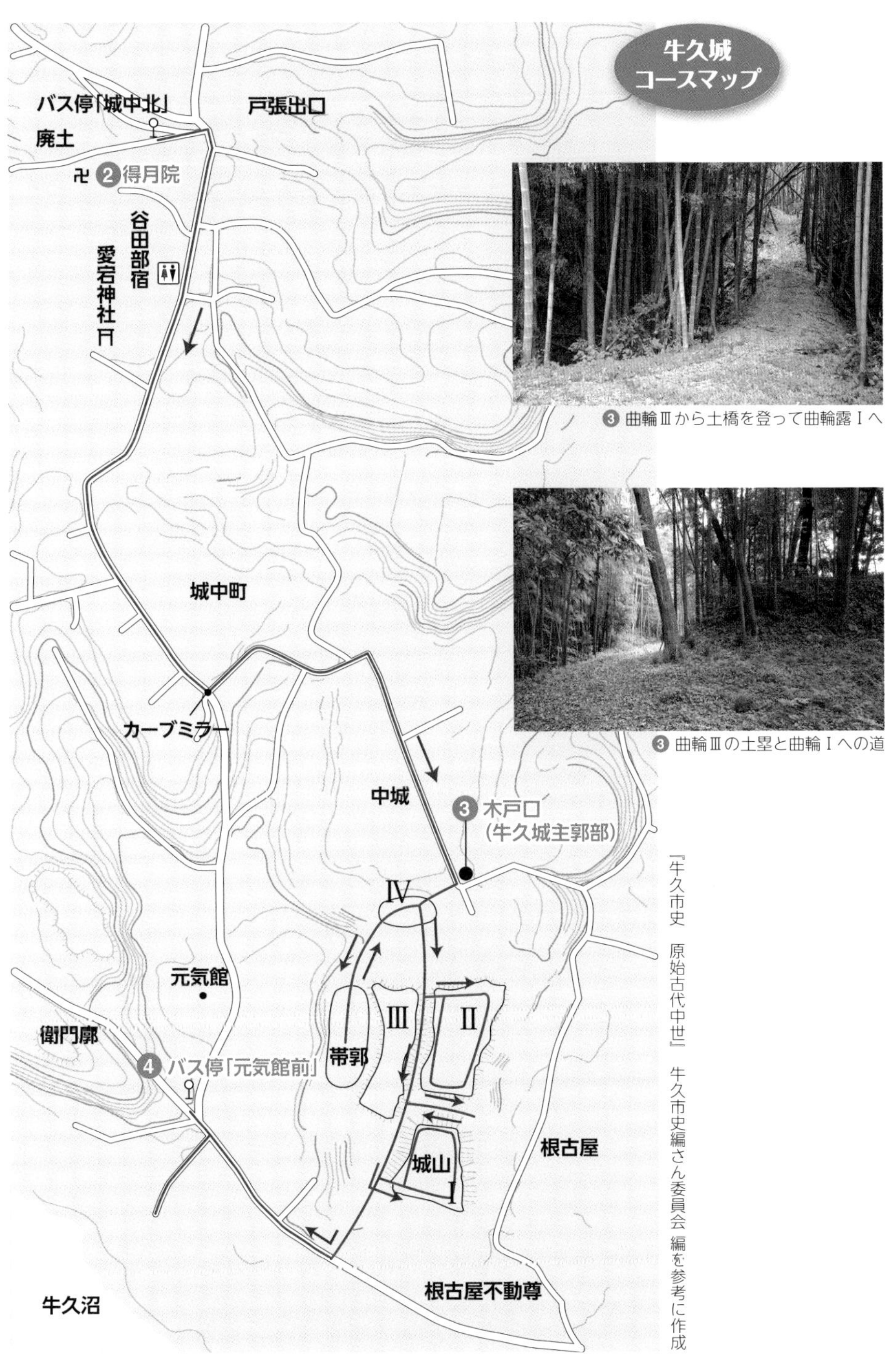

3 曲輪Ⅲから土橋を登って曲輪露Ⅰへ

3 曲輪Ⅲの土塁と曲輪Ⅰへの道

『牛久市史 原始古代中世』 牛久市史編さん委員会 編を参考に作成

栃木

唐沢山城（からさわやまじょう）

本丸跡に天慶の乱を鎮めた藤原秀郷を祀る唐沢山神社が鎮座している。南西面の高石垣は、高さ8m、長さ40mにも及ぶ

佐野駅の南口からタクシーを使って唐沢山駐車場で下車する。駐車場は、かつての蔵屋敷跡で、現在はレストハウスとトイレがある。

① くい違い虎口

北の避来矢山（ひらいしやま）と南の天狗岩の間にある①くい違い虎口を入る。直線的に進入できないように食違いにし、東側は枡形になっている。右手の②天狗岩には、物見櫓があったという。

その先、避来矢山（ひらいしやま）と西城の間に、直径8m、深さ9mの③大炊井（おおいのい）がある。城内の貴重な水源で、この井戸は現在まで涸れたことがないという。④四つ目堀（空堀）は、西城方面と帯郭以東を分断する大きな堀切である。堀切に架けられた神橋を渡る。神橋は堀口5間（9m）、深さ2間（3.6m）の堀に架かる曳橋で、いざという時には橋を引いて、通行を遮断した。

③ 大炊井

DATA

歩行距離……約4.2km　歩行時間……約1時間50分

所在地　栃木県佐野市栃本町、吉永町、富士町

参考　国土地理院2万5000分の1地形図 田沼

【弁当のオススメ場所】昼食は、レストハウス（☎0283-23-1939）が利用できる。そば、カレーなどがある

【トイレ】レストハウスの側にある

【問合せ先】

・佐野市文化財課：☎0283-25-8520、
・唐沢山城跡保存整備係：☎0283-85-7308
・東武佐野駅：☎0283-22-4970
・佐野合同自動車（タクシー）：☎0283-22-5333

鏡岩

桜の馬場を通っていくと、⑤大手道は南城の手前（西側）で二の丸方面に折れて坂道を上がり、奥御殿直番の詰所があった⑥二の丸から本丸へ向かう。⑦本丸跡には、平将門の乱（天慶の乱）を鎮圧した藤原秀郷を祀る唐沢山神社が建っている。かつては奥御殿があった所で、大手口は西に、搦手は北東にあった。

石段を下りると社務所や南城館がある⑧南城。ここは蔵屋敷、武者詰などともいい、眺望もよく、天候に恵まれれば、新宿、池袋方面を望めるという。本丸南西面の長さ40m、高さ8mを

④ 四つ目堀

四つ目堀に架かる神橋

⑦ 本丸跡に建つ唐沢山神社

⑥ 二の丸

コースと所要時間

- スタート 東武佐野線・佐野駅
- タクシー〈★1〉
- 蔵屋敷跡〈唐沢山駐車場・唐沢山レストハウス〉
- 0.4km 10分
- ① くい違い虎口
- ② 天狗岩
- ③ 大炊井
- 西城
- ④ 四つ目堀
- ⑤ 大手道
- ⑥ 二の丸を通って 〈注1〉
- ～
- ⑦ 本丸跡〈唐沢山神社〉
- ⑧ 南城
- ⑨ 高石垣
- 二の丸
- ⑩ 三の丸
- ⑪ 帯曲輪を通って 〈注2〉
- ～
- 0.7km 20分
- 蔵屋敷跡〈唐沢山レストハウス〉
- 0.1km 5分
- ⑫ 鏡岩
- 3.0km 75分
- ゴール 東武佐野線・田沼駅

〈注1〉蔵屋敷跡～本丸（0.4km・10分）
〈注2〉本丸～蔵屋敷跡（0.7km・20分）

〈★1〉タクシー・15分・約3000円／台

越える見事な⑨高石垣、政庁があった表御殿、土塁で囲まれた二の丸跡、その北側の武者詰（腰曲輪）を巡り、客人をもてなす応接間があった⑩三の丸、⑪帯曲輪を通ってレストハウスに戻る。昼食後、レストハウスの西側にやや下り、⑫鏡岩と名付けられた岩盤を見て田沼駅に向かう。かつてこの付近には、木戸があって鉤の手になる出入り口があったという。

唐沢山神社への道

⑫鏡岩

⑨本丸西側の高石垣

唐沢山城小史

伝承では藤原秀郷（ひでさと）が天慶5年（942）に築城したという。戦国時代になると、佐野氏中興の祖といわれる佐野盛綱が唐沢山城を修築している。関東への侵攻を始めた上杉謙信にたびたび攻められ、永禄7年（1564）の戦いで佐野昌綱は降伏し、城は謙信の管理下に置かれた。謙信の死後の永禄10年（1567）からは北条氏の攻撃を受け、佐野氏は北条氏康の6男・氏忠を養子として迎え、北条氏の支配下に組み入れられた。

天正18年（1590）に北条氏が滅びると、佐野昌綱の弟の天徳寺宝衍（ほうえん）（佐野房綱・了伯（りょうはく）ともいう）が佐野氏を継ぎ、城は大改修された。今見る遺構は、そのときのもの。宝衍（ほうえん）は、神橋側の現在宮司宅がある西城（天徳丸跡）に住んだ。跡を継いだ佐野信吉（のぶよし）は、徳川幕府の命により慶長7年（1602）に佐野春日岡（現在の佐野市城山公園）に移転を命じられ、慶長12年（1607）に唐沢山城を廃し未完成だった佐野城に移った。

唐沢橋から見た唐沢山

唐沢山城
〜田沼駅

GOAL
田沼駅
正文堂
浅間大神社
115
薬師寺
コンビニエンス
ストア
144
とちのみ会
フィールド
ミュージアム唐沢山
144
根古屋神社
栃本町
東武鉄道佐野線
秋山川
唐沢山
唐沢山レストハウス
唐沢山城

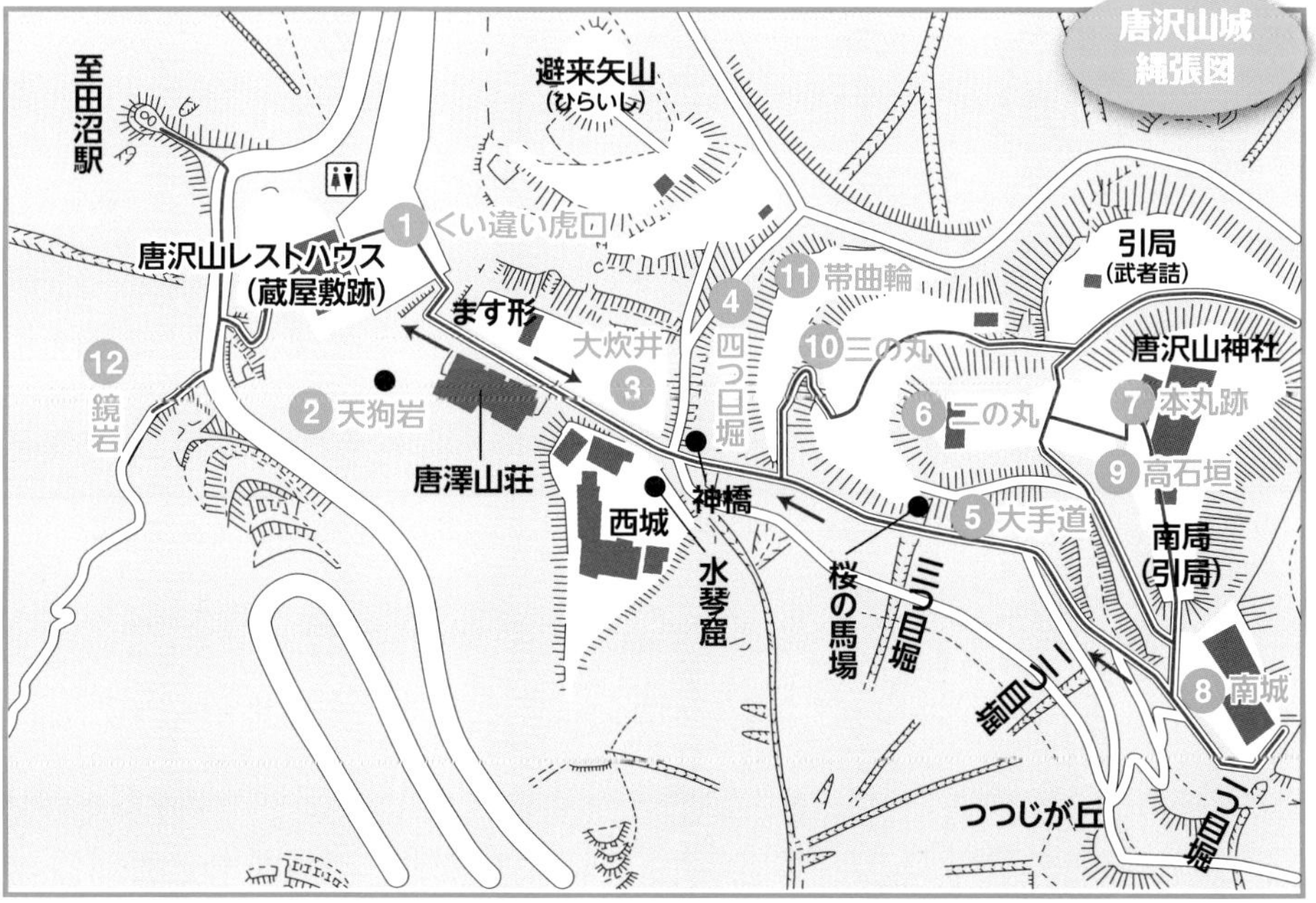

唐沢山城
縄張図

至田沼駅
避来矢山
(ひらいし)
1 くい違い虎口
唐沢山レストハウス
(蔵屋敷跡)
ます形
引局
(武者詰)
11 帯曲輪
4 四つ目堀
10 三の丸
唐沢山神社
大炊井
3
12 鏡岩
2 天狗岩
唐澤山荘
6 二の丸
7 本丸跡
9 高石垣
西城
神橋
5 大手道
南局
(引局)
水琴窟
桜の馬場
三つ目堀
二つ目堀
8 南城
一つ目堀
つつじが丘

出典：佐野市「唐沢山城跡山頂周辺縄張図」を参考に作成

皆川城（みながわじょう）

帯曲輪、腰曲輪が幾重にも見える特異な山容。本丸は、視界を遮る山も樹木もない、正に360度の展望

ふれあいバスを郵便局前で下車し、三叉路を左折すると、北側に皆川城跡の147mの城山（本丸）に築かれた展望台が見える。山頂部が本丸で、西に二の曲輪（通称お花畑）、さらに西に「西の丸」がある。広さは、東西430m、南北約480m。周囲には、標高差を利用した数段にわたる帯曲輪、腰曲輪を設けている。皆川城は、この帯曲輪、腰曲輪が幾重にも見える山容が特徴の一つだ。法螺貝（ほらがい）を伏せたかたちに似ているといい、法螺貝城とも呼ばれている。山麓には堀が巡り、南と南西には竪堀

金剛寺へ向かう道から皆川城南面

❶ 皆川公民館＜居館跡＞

歩行距離……約 3 km　**歩行時間**……約 1 時間 30 分

所在地　栃木県栃木市皆川城内町

参考　国土地理院 2 万 5000 分の 1 地形図　栃木

【弁当のオススメ場所】本丸ほか城跡の至る所にベンチがある

【トイレ】登り口にある。月～金であれば、皆川公民館のトイレも利用できる

【特記事項】・城址公園として整備された山城で、危険な個所はないが、登山靴がベスト

・栃木駅北口にある栃木市観光交流館（無料）は、待ち合わせや休憩に利用できる

・往路のバスは、8:46 発、11:19 発、13:37 発

・帰りのバスは 11:59 発、17:57 発（23 年 9 月現在）※実施時には確認すること

【問合せ先】

・栃木市教育委員会文化課文化財係：☎ 0282-21-2497

・ふれあいバス（TCB 観光）：☎ 0282-31-3821

・栃木合同タクシー：☎ 0282-22-5000

栃木市観光交流館

栃木市コミュニティふれあいバス

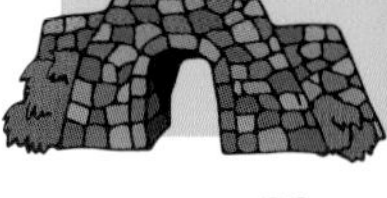

冬はロウバイが咲く

❶ 登り口わきの南面竪堀

があり、特に南西の竪堀は山腹から麓までが長い。こんな城跡の魅力がある一方、自然公園の魅力もあり、今のところうまく調和している。安全に登れ、展望がよく、混雑がないのもいい。

登り口の❶皆川公民館（旧皆川中学校敷地）には広い駐車場があり、小さなトイレもある。皆川公民館一帯は城主の居館の跡地で、皆川家の城主は代々居館住まいをしていたという。広さは東西約140m×南北約100mで、現在では北西の土塁の一部が残っているだけだが、三方が土塁に囲まれていたという。登り口に竪堀がある。竪堀に沿う階段が作ら

二の丸から見た本丸

コースと所要時間

- スタート　バス停「栃木駅北口」〈★1〉
- （バス）20分
- バス停「郵便局前」下車〈★2〉
- 0.5km　15分
- ❶ 皆川公民館〈居館跡〉
- 0.7km　25分
- ❷ 本丸〈30分〉
- 0.2km　5分
- ❸ 二の丸
- 0.2km　5分
- ❹ 竪堀
- 0.3km　10分
- 皆川公民館
- 0.5km　15分
- ❺ 金剛寺
- 0.7km　20分
- バス停「郵便局前」乗車〈★3〉
- （バス）30分
- ゴール　バス停「栃木駅北口」〈★4〉

〈★1〉栃木市コミュニティふれあいバス皆川樋ノ口線・柏倉温泉太子館入口行〈11:19発〉（20分・200円、75歳以上は100円）
〈★2〉〈11:39着〉
〈★3〉栃木市コミュニティふれあいバス皆川樋ノ口線・栃木駅行（20分・200円）〈14:32発〉
〈★4〉15:04着

れているが、歩き始めは緩やかな道を行こう。舗装された道なので、登りやすい。道沿いには、冬はロウバイが咲き、桜の開花期は山全体が桜山になる。

東北自動車道を走る車の小さな音が聞こえる。ベンチが至る所にあるから、弁当はどこで広げてもいい。帯曲輪を通って、広い二の丸から❷本丸へ登る。眼下の眺望は正に360度。視

❷ 本丸跡にある展望台

皆川城小史

皆川城は、寛喜年間（1229〜32）に皆川庄を与えられ皆川を称した長沼宗員（第一次皆川氏）により築かれたと伝わる。城跡は、現在の皆川城跡（城山）の東、約400mの小さな台地（白山台）で、そこが皆川氏発祥の地と伝えられる。長沼宗員は、下野国小山荘を本拠とした下野最大の武士団を率いていた小山政光の次男長沼宗政（兄は朝政）の孫である。宗員の子孫は、6代の定常が鎌倉末期に北条高時に背いて自害し、所領を没収されて断絶してしまった。

永享元年（1429）、長沼秀宗が会津田島より皆川に移った。永享10年（1438）、鎌倉公方・足利持氏と関東管領・上杉憲実の対立に端を発し、室町幕府6代将軍足利義教が持氏討伐を命じた永享の乱の際、長沼秀宗は古河公方側につき、皆川荘に拠点を構えたのが第二次皆川氏の祖となった長沼秀宗である。秀宗は、鎌倉で討死したが、氏秀の子宗成が皆川氏を称した。

大永3年（1523）宗成の代の時、皆川領を目指して侵攻してきた宇都宮忠綱を迎え撃ち河原田で勝利するが、宗成本人と、弟の成明がともに討ち死にしてしまう。

宗成の跡を継いだ成勝の時、宇都宮氏に反した芳賀高経（宇都宮氏の家臣。真岡城主）に味方し、宇都宮氏と対立する。しかし、その後の小田原北条氏の下野国進出に対し、上杉方の一員の宇都宮寄衆として皆川山城守の名が出てくる（関東幕注文）ことから、永禄年間には、両氏は一時的に良好な関係にあったようだ。広照の時代も反北条勢力として佐竹、宇都宮氏などと協力するが、天正13年（1585）12月には北条氏に屈したらしく北条方として宇都宮氏を攻めている。

天正18年（1590）、豊臣秀吉の小田原攻めの際、皆川城は上杉・浅野軍に攻められ落城した。北条方として小田原城に籠城した城主皆川広照は、早々と豊臣方に投降し領地を安堵され、徳川家康の家臣に取り込まれた。慶長14年（1609）徳川幕府による改易で廃城したと考えられる。

左から２代宗成、初代氏秀、初祖秀宗の墓

界を遮る樹木も建物もない山城は珍しい。本丸の発掘調査により簡易な建物があったと想定される柱跡と縁辺部の低い土塁が確認されている。また、「かわらけ」や永楽通宝などの銀貨が出土したという。本丸には案内図あるので展望を楽しもう。目の前の景色と栃木市街方面案内図を見比べると、知らない土地でもわかりやすい。寛喜年間（1229〜1231）に皆川庄

③ 二の丸とその奥の林は西の丸

皆川広照以降の皆川家

広照は秀吉の小田原攻めの翌年、栃木城に本拠を移し、家康の6男松平忠輝を養育した。

関ケ原の合戦では東軍に属し、上杉景勝の抑えとして大田原に陣を置いた。戦後、忠輝の付家老として慶長8年（1603）に信州飯山で4万石、本領と合わせて7万5千石の大名となった。しかし、忠輝乱行を訴えたため、咎めを受け慶長14年（1609）に改易、子の隆庸も連座となったが、元和元年（1615）、大坂の役に出陣して戦功があり、広照は常陸国府中藩（茨城県石岡市）で1万石の大名に復帰した。息子隆庸は行方郡武田（茨城県）で5千石の所領を与えられて徳川家光に仕え、父の隠居によりその所領1万石も継ぎ、合計1万5千石を領する大名となった。6代隆庸（の没後、7代成郷が相続したが嗣子なく断絶。のち弟の8代秀隆が5千石で家督相続し、旗本として明治維新まで江戸に住んだ。現在19代。

5代広照の墓

金剛寺

城の南西にある金剛寺（真言宗）は、皆川氏の菩提寺である。長沼秀宗が母の供養のために創建した。天台宗、臨済宗を経て、江戸初期の寛永年間（1624〜1644）に曹洞宗になった。長沼秀宗から現在に至るまで、皆川家18代の墓が並んでいる。江戸初期に広照の子6代の隆庸が改修したもの。嗣子がいなくて家名を断絶させた7代成郷の墓石は、乳母が建てたという。金剛寺には、皆川家祖廟のほか文化財として広照着用の南蛮胴具足や薬師如来像がある。

皆川氏略系図（『栃木市史』参照）

政光……（中略）……宗政―時宗―宗員（皆川）―宗村―宗俊―秀俊―宗則―宗常

時宗―宗泰（長沼）……（中略）……秀宗―氏秀―宗成（皆川）―成勝―俊宗―広勝―広照

を与えられ、皆川氏を称した長沼宗員（第一次皆川氏）の館があったという白山台や、皆川庄63村の鎮守の東宮神社の森がすぐ発見できる。また、太平山・晃石山方面案内図と景色を見比べると、皆川城の出城の太平山城跡や、天正12年（1584）に北条氏が来襲したとき、皆川氏と激戦となった草鞍山や飯盛山が望める。

展望に飽きたら広々した③二の丸に下り、冬でも枝葉が残る小高い西の丸を歩き、山腹から麓まで続く南西の④竪堀を下って、皆川公民館に戻る。帰りのバスは郵便局前14：32。これに乗り遅れないように、皆川家の菩提寺の⑤金剛寺に寄り、長沼秀宗から現在に至るまで、皆川家18代の墓が並ぶ墓所をお参りして来よう。皆川城の山容は金剛寺の近くからの方が全体をよく見渡せる。

西の丸

④ 南西の竪堀

⑤ 金剛寺本堂

❷ 手前が二の丸、奥に本丸がある

帯郭のウメ

皆川城コースマップ

群馬

金山城（かなやまじょう）

石垣や石敷きが多用された城。特に、高く積まれた石垣で作られた大手虎口と石敷きの大手道には、圧倒される

　金山城は、北を流れる渡良瀬川と、南の利根川に挟まれた独立丘陵に築かれている。実城（みじょう）（本丸）があった金山の標高は239m。この山を主郭として、北方の北城、西方の西城、南方の八王子山の砦を放射状に配置したような梯郭（ていかく）式山城である。従来、関東の中世の山城には、石垣の城はないといわれてきたが、発掘調査で金山城には石垣や石敷きが多用されていることがわかった。

西矢倉台西堀切

馬場下通路

　太田駅から駅に常駐しているタクシーを利用して、総合案内板がある❶金山駐車場まで入り、石垣などの遺構を見ながら実城（本丸）に向かう。

　まず、西櫓台（にしやぐらだい）。櫓は矢倉とも書く。見張りの兵を置いた櫓が武器、弾薬を収める倉庫を兼ねたのだろう。堀切の底を石敷きの通路にしている「西矢倉台西堀切」を見てから「物見台下堀切」に架かる土橋を進むと馬場下通路の両脇に大きな石積が現れる。石積を通ると竪堀。左手には竪堀に架かる木橋。馬場下通路の両脇にある石積を通過すると道は分岐し、正面の道を進むと、敵を惑わせる行き止まりの道になる。左手の道は「馬場曲輪」に出るが、いったん馬場を通って❷「物見台」へ向かう。標高222mの「物見台」からは、赤城山、榛名山、妙義山、浅間山などが望める。ここの物見台で北西方面から侵攻してくる越

DATA

歩行距離……約5km　**歩行時間**……約2時間

所在地　群馬県太田市金山町40－28ほか

参　考　国土地理院2万5000分の1地形図　足利南部

【弁当のオススメ場所】南曲輪の休憩所。近くにトイレもある

【問合せ先】
・太田市教育委員会文化財課：☎0276-20-7090
・矢島タクシー：☎0276-60-1234、永島タクシー：☎0276-32-1012

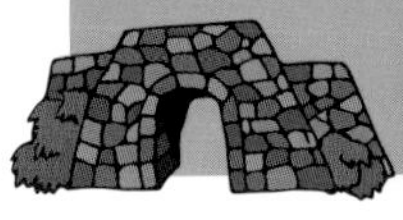

② 馬場跡から物見台

大手虎口を守る兵が待機していた馬場曲輪

後の上杉謙信や甲斐の武田信玄の軍勢を見張っていたのだろう。眺めがいい所だ。

「馬場曲輪」は、大手虎口を守る兵が待機していた所。「馬場曲輪」の東に隣接した尾根筋を遮断する城内で最も大きな「堀切」は、「竪堀」となって「月の池」に向かって下る。山城でありながら、籠城に耐えうる満々と水をたたえた「月の池」は、訪れる者たちへ簡単には落とせない城を印象づけただろう。

「月の池」の脇を通ると、❸「大手虎口」。関東には類のない石垣で造られた虎口と大手道は見所の一つ。高く積まれた石垣、実城へ向かう石敷きの通路、排水溝、どれをとっても、敵を威圧し、城の威厳を示すには十分だ。右手の「南上段曲輪」には石組み井戸や石敷き建物が復原されている。武器庫兼兵の詰め所という。

もう一つの池、「日の池」は、生活用水を確保するためだけで

大手虎口手前にある月の池

③ 大手虎口と大手道

コースと所要時間

- スタート **東武伊勢崎線・太田駅**　タクシー〈★1〉
- 10分
- ① **金山駐車場・総合案内板**〈西櫓台～馬場下通路・虎口を通る〉
- 0.4km　10分
- ② **物見台**〈馬場曲輪～月の池を通る〉
- 0.6km　15分
- ③ **大手虎口**〈日の池～南曲輪（休憩所）を通る〉
- 0.5km　15分
- ④ **実城**（本丸）**・新田神社**（金山城跡碑）
- 0.7km　20分
- ⑤ **史跡金山城ガイダンス施設**〈無料〔30分〕〉
- 0.6km　15分
- ⑥ **金龍寺**（きんりゅう）
- 2.1km　50分
- ゴール **東武伊勢崎線・太田駅**

〈★1〉タクシー約10分・約2000円／台

なく、戦勝祈願や雨乞いなどの儀式を行うための祈りの聖地で、生活用水は「日の池」の周りの2つの井戸から汲み、使い分けされていたらしい。

南曲輪には休憩所、トイレも完備しているので、ひと休みにはちょうどいい。金山山頂の④実城（本丸）跡には明治8年（1875）に創建された新田義貞を祀る新田神社が建っている。境内（御台所曲輪）の樹齢800年といわれる大ケヤキも見もの。

帰路は鳥居をくぐって下り、建築家・隈研吾の設計の⑤「史跡金山城跡ガイダンス施設」を見学し、由良氏の菩提寺の⑥金龍寺にお参りして太田駅に戻る。

南上段曲輪

戦勝祈願や雨乞いなどに使った日ノ池

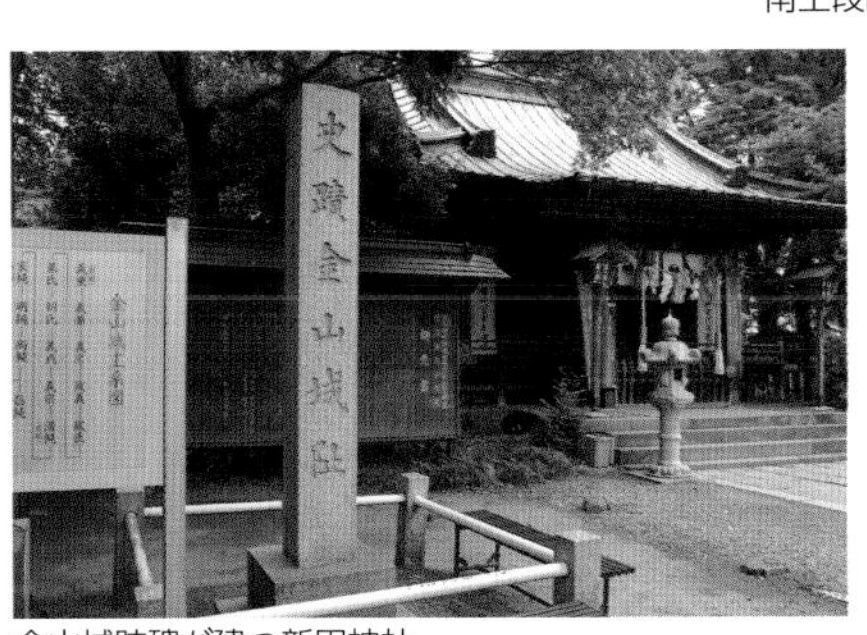

金山城跡碑が建つ新田神社

金山城小史

金山城は、新田氏の後裔・岩松家純が文明元年（1469）に築いた山城で、岩松氏および由良氏歴代の居城である。文明3年（1471）に古河公方・足利成氏が兵8千で攻めたが、70日間釘づけにして落ちることはなかった。明応4年（1495）、岩松氏は家純の孫の代の時に、台頭してきた重臣の横瀬成繁を除こうとして失敗し、このときに実権が横瀬氏に移った。下剋上である。成繁が横瀬から由良に苗字を変えたのは、永禄8年（1565）ごろという。由良氏の時代に金山城は全盛を迎えた。天正2年（1574）に越後の上杉謙信、天正8年（1580）には、甲斐の武田勝頼の攻撃を受けたが落城せず、由良成繁は、時に上杉謙信に味方し、時に北条氏に協力し、上杉、北条の講和にも努力し、領国の生き残りを図った。しかし、嫡男の国繁が城主であった天正12年（1584）、厩橋城（前橋城）を落城させた北条氏直が、祝儀に参着した国繁と弟の館林城主・長尾顕長に金山城と館林城の明け渡しを強要した。拒否すると2人を抑留し、金山城を北条勢が取り囲んだ。家臣たちは、兄弟の母・妙印尼を中心に北条勢に抵抗したが、翌年2人の帰還のために、金山城と館林城を明け渡した。

6年後の天正18年（1590）、豊臣秀吉の小田原攻めのとき、北条氏の配下にあった国繁と弟の長尾顕長は、小田原城に籠城していたが、前田利家ら豊臣勢が碓氷峠から上州（群馬県）に入ると、妙印尼は10歳の孫を擁し、500旗の兵を引き連れて北条方の松井田城攻めに加わったと伝わる。金山城は、天正18年（1590）に小田原の北条氏の滅亡により廃城になった。この時、土塁や通路など城の主要な施設は、破壊されたが、かつての城主・由良国繁は、常陸（茨木）牛久に領地を得ている。江戸時代の金山城は、献上松茸の御用林だったことが、さらなる破壊を免れた。

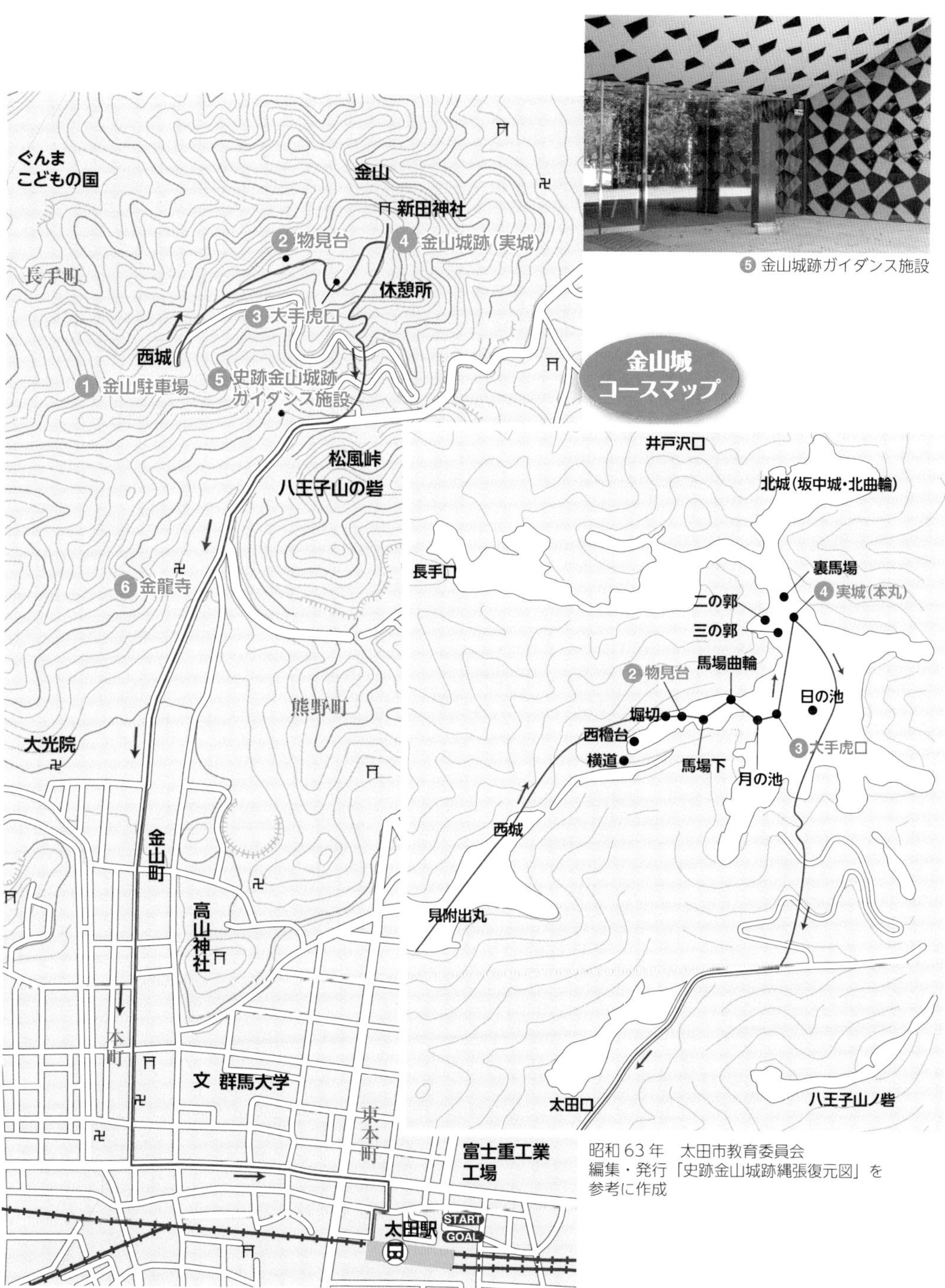

5 金山城跡ガイダンス施設

昭和 63 年　太田市教育委員会
編集・発行「史跡金山城跡縄張復元図」を
参考に作成

名胡桃城〜沼田城

沼田城代の猪俣邦憲は、豊臣秀吉の沼田領分割の裁定を無視して、名胡桃城を略奪した。

名胡桃城は、利根川と赤谷川の合流地点の南西、利根川の右岸の段丘上にあり、利根川から湯舟沢が南に入り込む舌状台地を利用している。この城は、沼田城攻略のため、岩櫃城から利根に侵攻した真田昌幸が、天正7年（1579）に築き、鈴木重則（主水）が配されていた。

丸馬出跡

JR上毛高原駅から、タクシーで❶名胡桃城に向かう。

17号（外郭）から城跡に入った所は「丸馬出」跡。城跡に設置してある解説板を読まないと丸馬出とは気づかないだろう。

三の郭堀切を左手に見て三の郭へ入る。三日月堀による丸馬出を埋め、三の郭が造られていると解説板が教えてくれる。北東にテーブル状の山容の三峰山が大きい。

二の郭堀切を越えると二の郭跡。この二の郭堀切は、左右の堀の幅が半分で食違い、木橋から南門をつなぐ出入口で、横矢掛かりになっている。二の郭

三郭堀切

DATA

歩行距離……約2.5km　歩行時間……約1時間45分

所在地　[名胡桃城] 群馬県利根郡みなかみ町月夜野下津
[沼田城] 群馬県沼田市西倉内町594

参考　国土地理院2万5000分の1地形図　後閑、上野中山

【弁当のオススメ場所】名胡桃城の本丸か「ささ郭」。または、名胡桃城から西へ200mほどの所に和風レストラン「しんりん」（☎0278-62-1122）
【トイレ】名胡桃城址案内所・沼田公園
【特記事項】名胡桃城址案内所では、ボランティアガイド（火、木は休み）を予約できる。タクシーは予約が無難。新治タクシー：☎0278-62-3111、関越タクシー：☎0278-24-5151【問合せ先】・名胡桃城址案内所：☎0278-62-0793
・みなかみ町観光協会：☎0278-62-0401・沼田城　沼田市観光協会：☎0278-25-8555

三の郭跡

の南と北には土塁が復元されているので登ってみよう。二の郭の西側には掘立柱建物の表示がいくつか。東斜面には腰郭がある。二の郭北虎口を鉤手（かぎのて）に通って、本郭堀切に架かる木橋を渡って本郭に入ると、大正元年（1912）建立の城址碑が建っている。「名胡桃城址之碑」の揮毫（きごう）は、明治から昭和にかけてのジャーナリスト徳富蘇峰（とくとみそほう）よる。北側には、樹木が葉を落とす季節なら、谷川連峰が望める。南に富士浅間山砦跡。城址碑の石材は、この山から切り出したという。

二郭北虎口

　本郭の先には一段低くささ郭があり、土塁が残っている。解説板と祠が一つ。北東にテーブル状の山容の三峰山。眼下には月夜野大橋も見えるが、右に目を転じてみても沼田城は、わからない。名胡桃城の標高は430mもあるが、利根川からささ郭までの高さは、50mほど。この城はささ郭、本郭、二の郭、三の郭の主要部が直線に並んだ連郭式山城で、各郭は堀切で分断され、周囲は急な崖や土塁、柵、櫓で守られていた。

　昼食後、予約しておいたタク

名胡桃城址碑

コースと所要時間

コース1

スタート JR上毛高原駅
↓ タクシー〈★1〉 15分
① 名胡桃城跡（散策と食事〔0.3km／60分〕）
↓ タクシー〈★2〉 20分
② 沼田城（散策〔0.5km／30分〕）
↓ 0.8km 20分
③ 正覚寺
↓ 0.9km 25分
ゴール JR沼田駅

〈★1〉タクシー約15分・約1,600円／台
〈★2〉タクシー約20分・約5,000円／台

コース2 ※後閑駅から歩く場合

スタート JR上越線・後閑駅
↓ 2.6km 50分
① 名胡桃城跡（散策と食事〔0.3km／60分〕）
↓ タクシー〈★2〉 20分
② 沼田城（散策〔0.5km／30分〕）

シーで❷沼田城へ向かう。

現在、本丸、捨曲輪と二の丸、三の丸跡の一部が沼田公園になっている。本丸跡には、真田時代の遺構の西櫓台の石垣、石段、本丸堀の一部が見られ、わずかに城の名残をとどめている。また、本丸跡には、鐘楼が再建され、寛永11年（1634）に真田信吉が鋳造させた城鐘（レプリカ）が架かっている。本丸北端のビューポイントからは名胡桃城方面が見える。帰路は、

ささ郭

名胡桃城、沼田城小史

本能寺の変の後、甲斐へ進出した北条氏直と、一足早く甲斐に出陣していた徳川家康が一触即発の危機にあったとき、沼田領を含む上野（こうずけ）一国の領有を氏直に認めることで2者の和議が成立した。しかし沼田領は、真田昌幸が武田氏に仕えたころからの領地。武田氏が滅亡後、昌幸は徳川家康に服し、上田城（上田市）に移っていたが、北条氏に領地を渡すのを拒み、家康を離れ上杉景勝に属した。家康からも標的となった昌幸は、景勝を通じて豊臣秀吉に裁定をゆだねた。裁定（P106、沼田領分割之図参照）で、利根川を境として沼田城を含む東（沼田領の2／3）は北条領、名胡桃城を含む西（沼田領の1／3）は真田領と決まり、もめごとは収束したかに見えた。しかし、天正17年（1589）10月、北条氏邦（うじくに）の重臣で、沼田城代の猪俣邦憲（くにのり）が利根川を渡って真田領の名胡桃城を急襲し、城将の鈴木主水（もんど）を討ち取り、城を略奪してしまった。裁定を無視した北条氏の暴挙に秀吉は激怒した。秀吉は、大名間の私闘を禁じた「惣無事令（そうぶじれい）」に反するとして、北条氏に戦線布告した。上洛を促しても従わない北条氏を討つタイミングを狙っていた秀吉に、小田原攻めの口実を与えた北条氏の外交のまずさが露呈した。北条氏が滅亡した後、名胡桃城は廃城となった。城として機能していたのは、わずか10年間だった。

沼田城は、天文元年（1532）に、沼田氏12代・顕泰（あきやす）が築いた城。永禄12年（1569）に、上杉謙信と北条氏康が和睦したとき、謙信の養子となった氏康の子・氏秀（のちの景虎）が沼田城で謙信と対面している。謙信の死後、天正6年（1578）に相続をめぐる景勝と景虎の御館の乱が起きると、隙に乗じた北条氏邦は、沼田城を支配下においた。2年後の天正8年（1580）には、当時、武田氏の武将だった真田昌幸が入城した。武田氏が滅亡すると一時滝川一益の居城となったが、本能寺の変の後は、真田昌幸の手に戻った。その後、昌幸は、北条氏邦の執拗な攻撃を6年間にわたって撃退した。

北条氏が滅亡した天正18年（1590）に真田昌幸の長子・信幸（のぶゆき）が沼田領の領主となった。五層の天守を造営したのは、慶長2年（1597）。関ヶ原の戦いの後、信幸は9万5千石の大名となり、名を信幸から信之に改めた。しかし、天和元年（1681）に真田氏の5代の信利（のぶとし）（2代藩主・信吉の子）は、幕府から江戸両国橋の用材伐り出しの遅延と農民騒動を咎められて領地を没収され、翌年に沼田城は破却された。その後、本多氏が入封し、城を一部再興し、次いで黒田氏2代、土岐氏12代の居館となったが、明治になって版籍奉還し、館も取り壊された。

❸正覚寺の小松姫の供養塔にお参りしてから、標高差80mの河岸段丘を実感する急勾配の滝坂を下ってJR沼田駅に出る。小松姫は、初代信之の妻で、親と子で敵味方に分かれて関ケ原の戦いに挑むことになったとき、沼田城に立ち寄った父・昌幸と弟・信繁に「たとえ父や弟でも今は敵……」と気丈に振る舞った逸話が知られている。

なお、JR上越線・後閑駅から歩いて名胡桃城を目指すなら、駅前の信号を渡り坂を下る。十字路を左に歩くと前方に523mと620m（富士山浅間山砦）のピークが重なり、その下に利根川を渡る月夜野大橋が見える。高架下の手前の道を右折して17号バイパスの月夜野大橋を渡る。右手に谷川連峰、左手に赤城山などが眺められる見事な風景である。高架下を抜け、湯舟沢に架かる湯舟橋を渡ると、右手が名胡桃城跡である。

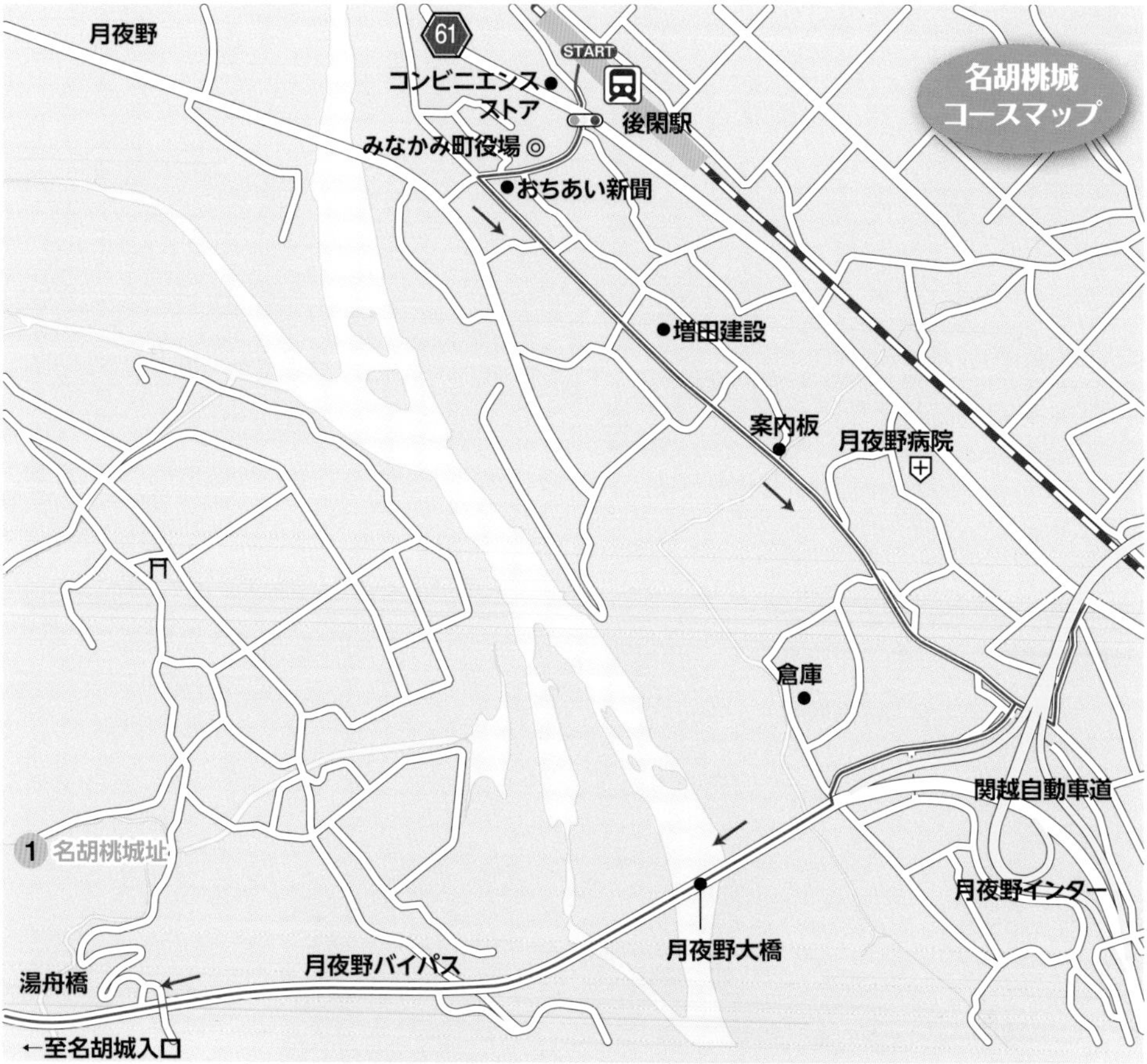

名胡桃城
コースマップ
月夜野
61
START
コンビニエンスストア
後閑駅
みなかみ町役場
おちあい新聞
増田建設
案内板
月夜野病院
倉庫
関越自動車道
月夜野インター
月夜野大橋
1 名胡桃城址
湯舟橋
月夜野バイパス
←至名胡城入口

沼田領
分割之図
小川城
黒岩
赤谷川
北条領
明徳寺城
名胡桃城
真田領
権現山城
利根川
薄根川
沼田城

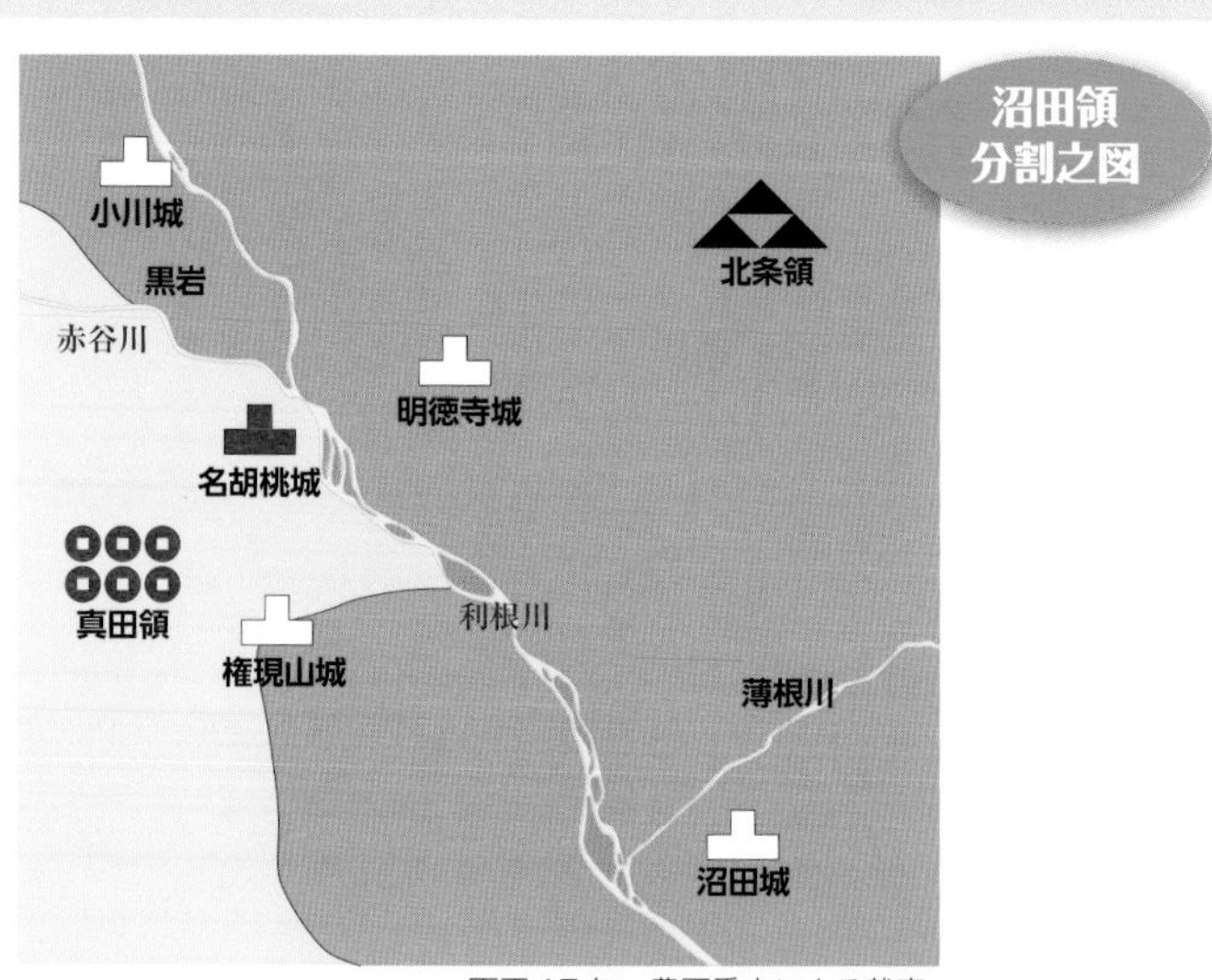

天正 17 年　豊臣秀吉による裁定

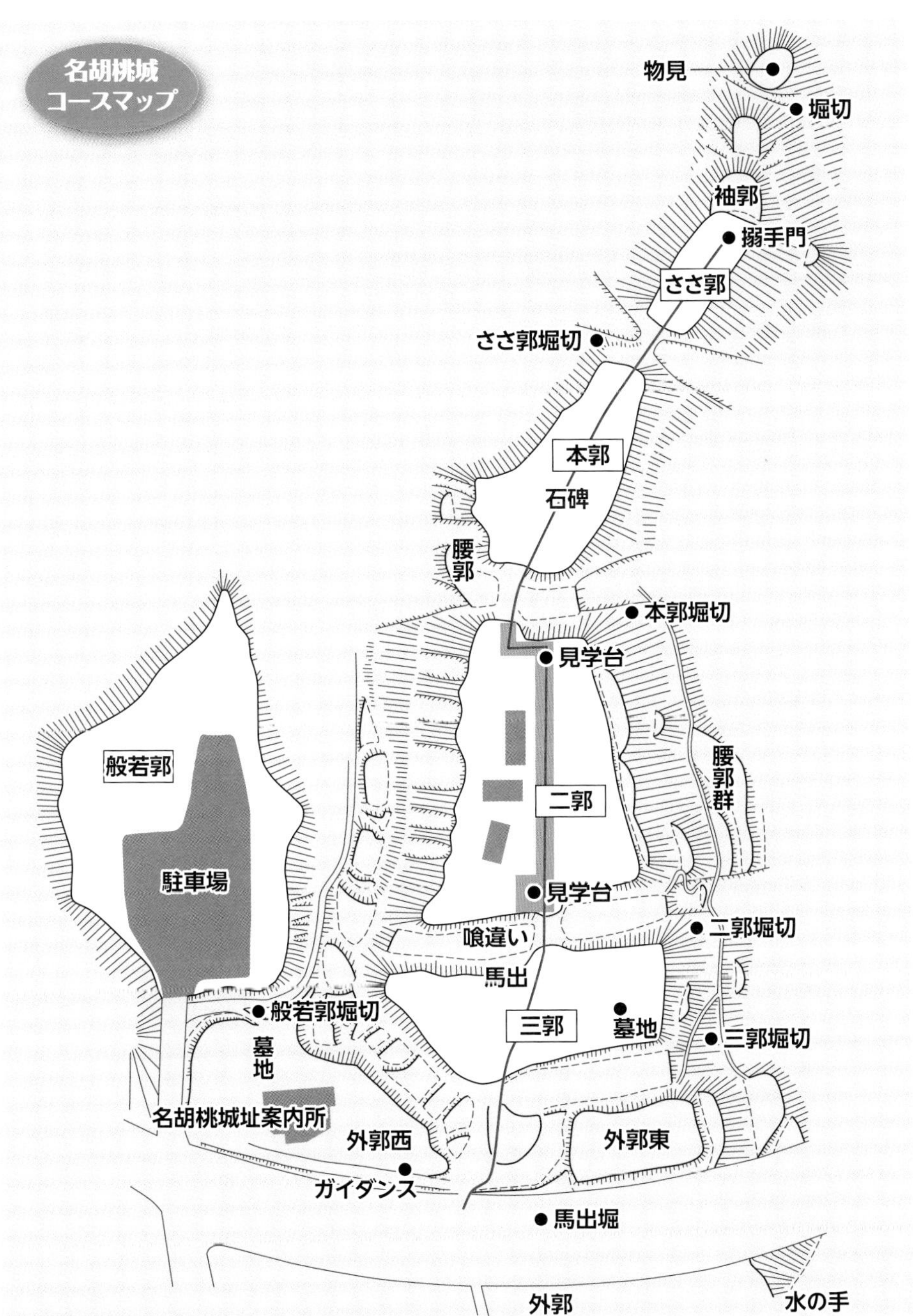

出典：名胡桃城址案内パンフレット（「みなかみ町教育委員会・みなかみ町観光商工課・みなかみ町歴史ガイドの会」発行）を参考に作成

群馬

箕輪城

大規模な堀切、空堀が見どころ

箕輪城は城の西側を流れる榛名白川や南側の椿名沼と呼ばれる湿地帯などの自然な地形を生かして曲輪を配置した平山城。北の標高が最も高く、280mの霊置山から南に向かって御前曲輪、本丸、二の丸、郭馬出が尾根上に配されている。

JR高崎駅の改札を出て西口バスロータリー②番乗り場から群馬バスに乗り、❶箕郷本町で下車する。西側の西明屋交差点に出て、北に緩やかに登る。西明屋箕輪小学校前の交差点を過ぎ、次の交差点を左折する。200mほど先右手に井伊氏時代の❷大手門跡がある。門の前に「丸戸張」という「郭馬出」があったという。交差点まで戻り、北に歩くと、左カーブの所で、右に「大手尾根口」の道標がある。❸大手尾根口から山道を登ると、すぐ観音様口コースへの分岐を右に見送る。大きく右に曲がるようになると、南から登ってきた観音様口コースと合流し、

❷ 大手門跡

❹ 郭馬出西虎口

DATA

歩行距離……約6km　**歩行時間**……約2時間45分

所在地 群馬県高崎市箕郷町西明屋・東明屋

参考 国土地理院2万5000分の1地形図　下室田

【弁当のオススメ場所】二の丸の東屋

【トイレ】二の丸と御前曲輪にある

【問合せ先】

・高崎市教育委員会文化財保護課：☎027-321-1292

・群馬バス箕郷営業所：☎027-371-8588

（バスは平日、休日とも1時間に1便程度のため、計画時には要確認）

北に向かう。左前方の❹郭馬出西虎口に、平成28年に復元された二階建ての櫓門（やぐらもん）が建っている。櫓門を潜ると出撃の拠点の郭馬出。箕輪城を南北に分断する大堀切を土橋で渡ると❺二の丸である。堀の南側が落とされても城の主要部の北側を守ることができる役割の大堀切である。本丸をめぐる幅30m～40m、深さ10mの空堀もあり、箕輪城は、大規模な堀切、空堀が見どころである。二の丸の赤城山の眺めがよいで弁当にしよう。

昼食後、城主の居館があった❻本丸、詰丸であり長野業盛（なりもり）が自刃した代々の城主の位牌を収めた持仏堂があった❼御前曲輪、❽三の丸の高さ4・1m、野面積の石垣を巡って二の丸に戻る。

箕輪城を南北に分断する大堀切

❻ 本丸・城址碑

❽ 三の丸の石垣

❼ 御前曲輪と井戸

コースと所要時間

スタート　バス停「高崎駅」〈★1〉
↓ 30分
❶ バス停「箕郷本町（みさとほんまち）」
↓ 0.8km 20分
❷ 大手門跡
↓ 0.2km 5分
❸ 大手尾根口
↓ 0.7km 20分
❹ 郭馬出西虎口
↓ 0.3km 10分
❺ 二の丸
↓ 0.2km 5分
❻ 本丸
↓ 0.2km 5分
❼ 御前曲輪
↓ 0.7km 20分
❽ 三の丸石垣
↓ 0.4km 10分
二の丸
↓ 0.3km 10分
❾ 搦手口
↓ 0.5km 15分
❿ 木俣
↓ 0.6km 15分
⓫ 観音様口
↓ 1.2km 30分
⓬ バス停「四ツ谷」〈★2〉
↓ 40分
ゴール　バス停「高崎駅」

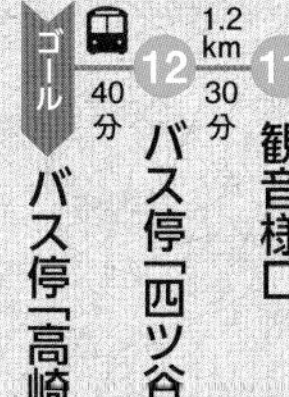

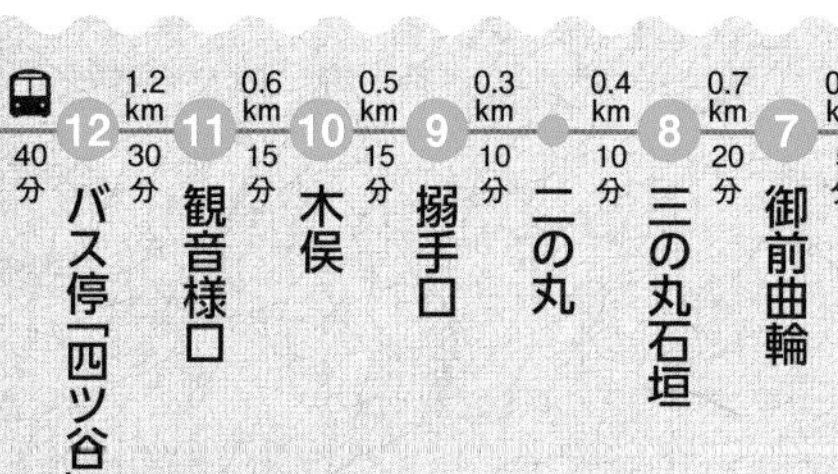

〈★1〉2番乗場・群馬バス伊香保温泉行30分・520円

〈★2〉群馬バス高崎駅行40分・500円

次に榛名山の眺めがいい⑨搦手口を確認してから、5方向に分岐することから名づけられた⑩木俣を通って⑪観音様口へ下る。観音堂から、水の手曲輪があった法峯寺の長い参道を下ると、箕輪小学校に出る。さらに南に旧城下町を下り、群馬銀行先で県道を横切ると右手に東向八幡が建つ。この先の十字路を右に行き、変則十字路を道なりに進むと、⑫バス停「四ツ谷」である。

水の手曲輪に建つ法峯寺

金龍寺は太田金龍寺ゆかりの寺で、太田金山城主・由良国繁供養の大きな五輪塔がある。金龍寺向かいの箕郷支所には、百名城スタンプが置かれている。また、旧下田邸は、箕輪城の家老の子孫が土着し、明治まで続いた下田家という。庭園は堀部安兵衛作と伝わる。

旧下田邸石標

箕輪城小史

永正9年（1512）に現在の高崎市を拠点にしていた長野業尚が築城し、憲業を経て孫の業政の代に全盛を迎えた。しかし、武田信玄、北条氏康、上杉謙信が上野（群馬県）を舞台に勢力を争った三つ巴の戦乱に巻き込まれ、永禄9年（1566）の信玄の侵攻により、4代・業盛のときに落城したといわれる。榛名町誌では、大永4年（1524）に箕輪城主が方業であったことから、業尚、憲業は、鷹留城（高崎市下室田町）を築城した長野氏の一族で、箕輪城は方業→業正（業政）→氏業（業盛）と引継がれた指摘している。

箕輪城を落とした信玄は、箕輪城を西上野支配の拠点と位置づけ、重臣の内藤昌豊（昌秀）らを置いて治めさせた。天正10年（1582）に武田氏が滅亡すると、織田信長の重臣、滝川一益が厩橋城に移る前に1ヶ月ほど在城した。同年に本能寺の変が起きると、滝川一益は神流川の合戦で北条氏に敗れ、上野を退去していった。北条氏康は、子の氏邦を派遣し、鉢形城と兼任させた。北条氏邦は城主となると城を大改修している。天正18年（1590）に北条氏が滅びると、徳川家康の重臣・井伊直政が12万石を拝領して入城し、関東西南の固めとし、城の普請と城下町を整備した。遺構は、直政のときの姿である。しかし、秀吉が死去した慶長3年（1598）、直政は、信濃と越後へ交通の便がいい和田の地に高崎城を築いて箕輪城を廃城にした。

大手尾根筋

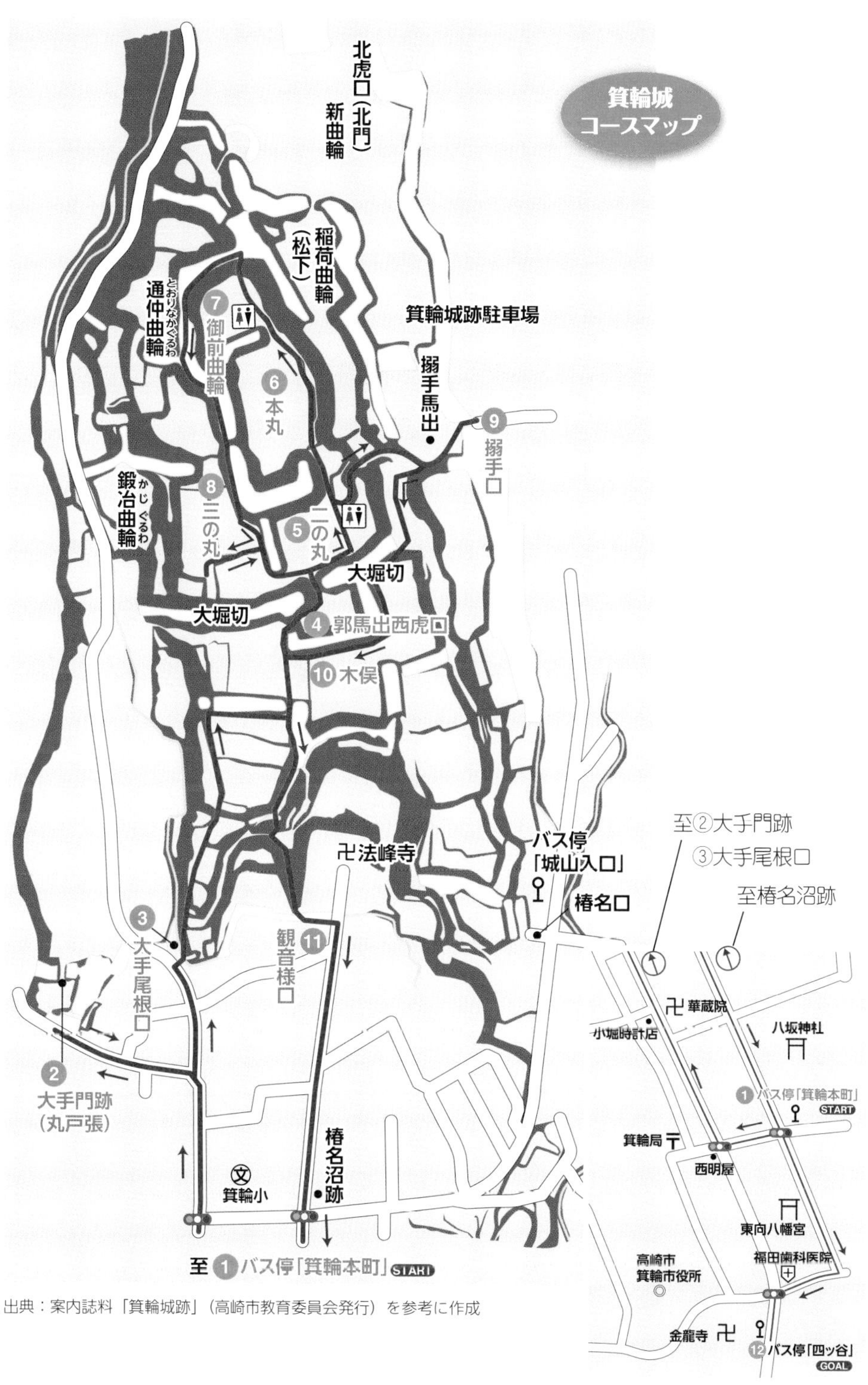

出典：案内誌料「箕輪城跡」（高崎市教育委員会発行）を参考に作成

コラム2

城跡のトイレ事情

仲間と「城跡ハイキング」を計画するとき、城跡もしくはその付近にトイレがあるかを必ず調べている。日本城郭協会が選定した日本百名城、続百名城のように、観光地化されつつある城跡は、ほぼトイレがあるが、訪れる人が少ない山城を計画すると、トイレ問題が付きまとう。

本書のガイドは、バス、タクシー、徒歩での移動なので、自家用車を使う場合と違って、遠く離れたトイレは使えない。都市部にある城跡では、管理されたトイレが必ずあって心配はないが、山城の場合、トイレがない所がある。本書では、麓から往復3時間を見ているが、極端な例だが、1時間ごとにトイレへ通う人もいる。トイレの我慢には限界がある。気もそぞろになって、楽しさが吹き飛んでしまう。麓に駐車場があれば、トイレが置かれていることが多い。緊急なら、汚いなど贅沢を言ってはいられない。しかし、用が済めば、管理できていない不衛生なトイレは、設置しない方がいいと思うのは、人情。なんせ現代は、水洗トイレが当たり前で、温水洗浄便座（ウォシュレット、シャワートイレ）の時代である。和式トイレを使えない（敬遠する）若者がいる時代だ。

昔の山小屋のトイレは、薄暗くて、きれいとはいえなかった。テント泊する山域では、トイレがない所もあった。「お花摘みに行ってきます」と女性が言ったら、「俺も花を見に行こうかな」なんて言っちゃいけない。女性のトイレは、「お花摘み」、山仲間の隠語である。男性の場合は、「キジ撃ちに行く」といっていた。猟師がキジを撃つ姿が、似ていたからだろう。本書で紹介している佐貫城と小幡城は、トイレがないから、タクシーを利用して時間を短縮するなどの工夫も必要だ。城跡ハイキングをする女性も多い。男性でも昔と違って立小便をする人はいない時代だ。150年ほど前の開国当時の歴史書を読むと、外国人は日本人の立小便の風習に辟易したらしい。欧米に追い付こうとやっきになっていた幕府がこれを問題視し、横浜にはいち早く公衆トイレが造られたと聞く。

さて出発。城跡ハイキングの出発前には、駅のトイレに寄り、計画段階では、行程中のどこにトイレがあるかを調べておくよう心がけよう。

第3章 山梨エリア

山梨

要害山城（ようがいさんじょう）～躑躅ヶ崎館（つつじがさきやかた）

武田氏3代の居館と政庁があった躑躅ヶ崎館は、詰城の要害山城と一体となっていた

❶ 要害山登山口

要害山城は、躑躅ヶ崎館の北東2kmにある。積翠寺の背後に控える丸山（要害山）、標高780mにあった。麓からは独立峰に見えるが、実は尾根の南端にあって、北に尾根が続いている。

❶要害山登山口

甲府駅からタクシーに乗り、要害山は、山梨百名山に選ばれている山登りの初心者向けの山である。ここに詰めの城が築かれていた。登山口からはごくありふれた山道を登る。すぐに城跡を意識させる「土塁」「竪堀跡」の表示が現れる。次に現れたのは門跡。両側に石積を築いた出入口（虎口）に防御を目的とした門があった。次は「曲輪」。「曲輪は、堀や土塁によって区画された平場のこと」などと説明した立札が矢継ぎ早に現れる。江戸時代後期に建てられた武田不動尊が建つ不動曲輪からは、眼下の眺めがよく、躑躅ヶ崎館あたりも見下ろせる。山腹を削って造られた曲輪が段状に設けられている山道を東に歩く。この先も虎口の遺構が数箇所あり、不揃いの自然の石を加工せずに積み上げた野面（のづら）積みの石垣も残る。**❷山頂の曲輪が主郭部。**四囲を土塁に囲まれた東西73m、南北22mの細長い平坦地で、周囲に土塁を築いている。庭園に用いられたと思われる石も残っていたという。

要害城築城の翌年の大永元年（1521）、武田信玄の父・信虎は駿河の今川氏の属将・福島

要害山

DATA

歩行距離……約6.3km　**歩行時間**……約3時間

所在地　［要害山城］甲府市上積翠寺町地内
［躑躅ヶ崎館］甲府市古府中町、尾形三町目、大手三丁目地内

参考　国土地理院2万5000分の1地形図　甲府北部、甲府

【弁当のオススメ場所】要害山山頂の主郭
【トイレ】要害山登山口駐車場と道を隔てた反対側に簡易トイレがある
【特記事項】・帰路のバス停「武田神社」～「甲府駅北口」の山梨交通バスは、1時間に1～2便ある
・武田神社から甲府駅北口までは、徒歩30分ほどである
【問合せ先】・山梨第一交通（タクシー）：☎055-224-1100
・甲府市観光協会：☎055-226-6550

躑躅ヶ崎館を囲む水堀

野面積みの石垣

門跡

❷ 要害城主郭にある信玄誕生碑

正成の侵攻を受けた。このとき信虎の妻・大井の方は要害山城へ避難しようとしたが、身籠っていて山道が登れないため、麓の積翠寺に入り信玄を出産したという。主郭の隅には、大きな「武田信玄公誕生之地」碑が建っている。

帰路は、登山口まで下ったら、31号を約2・5km（約1時間）南西に下り、❸躑躅ヶ崎館跡（武田神社）へ立ち寄る。信玄、勝頼の時代には、館の外部の堀沿いに、穴山梅雪、板垣信方、高坂弾正、小山田信茂ら重臣の屋敷が連ねていた。

「史跡武田氏館跡曲輪配置図」の武田神社が建つ館の主郭部は、東西284m、南北193mで、かつて中曲輪と東曲輪に分かれていた。中曲輪は本丸にあたり、ここに主殿をはじめとする武田家の屋敷が庭園とともにあった。東曲輪には馬場、厩などがあり、東側に大手口、角馬出（かくうまだし）が備えられ、北にも虎口があった。水堀を隔てていた西曲輪は、天文20年（1551）に信玄の嫡男・義信と、今川義元の娘との婚儀に伴い新造されたところ。東西100m、南北200mと、主郭の半分ほどの規模。今川侵攻をめぐって、信玄と今川義元の娘を妻とする義信との親子の諍い

❸ 武田神社鳥居（躑躅ヶ崎館）

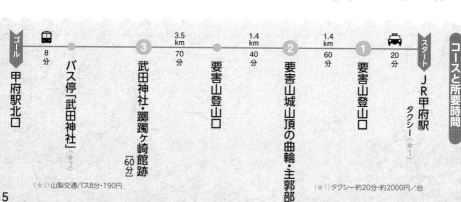

コースと所要時間

スタート **JR甲府駅**
タクシー〈★1〉 20分
↓
❶ **要害山登山口**
1.4km 60分
↓
❷ **要害山城山頂の曲輪・主郭部**
1.4km 40分
↓
要害山登山口
3.5km 70分
↓
❸ **武田神社・躑躅ヶ崎館跡**［60分］
↓
バス停「武田神社」〈★2〉
8分
↓
ゴール **甲府駅北口**

〈★1〉タクシー約20分・約2000円／台
〈★2〉山梨交通バス8分・190円

要害山城コースマップ

要害山城
積翠寺
バス停「積翠寺」
東沢川
相川
武田神社・躑躅ヶ崎館跡
バス停「武田神社」

があり、義信は幽閉され、自害に追い込まれ、妻は今川家に帰されている。その後、西曲輪は人質曲輪ともいわれた。同盟関係にある国人領主の妻子の居所に利用されたからだ。西曲輪の北には兵糧を保管した味噌曲輪、稲荷曲輪が増設されている。館の北には、信玄の母・大井の方の居所である御隠居曲輪があった。信玄は天文10年（1541）に父親を駿河（静岡県）に追放して甲斐の国主になったが、それ以降、大井の方は、晩年の11年間を御隠居曲輪で過したといわれている。

躑躅ヶ崎館（武田神社）を散策後、武田神社バス停から甲府駅北口に出る。

要害山城、躑躅ヶ崎館小史

武田信玄の父・信虎は永正16年（1519）に、甲斐国内を統一し、石和（いさわ）の館から現在武田神社がある躑躅ヶ崎（つつじがさき）に居館を移した。初期の館は方形の主郭のみで小さかったが、主要街道が集中する甲斐国の中央に位置し、領国を統治するにふさわしい地であった。家臣や国衆（在地領主）も躑躅ヶ崎館の周辺に移住してきた。しかし、情勢はまだ不安定だった。そこで、信虎は、防御のために翌年の永正17年（1520）に詰の城として要害山に城を築いた。要害山城は、信玄の後の勝頼が居住と政庁の機能を新府城に移すまでの約60年間、防御を主目的とし、躑躅ヶ崎館と一体となっていた。

時代が下って、天正3年（1575）の長篠の戦いで織田・徳川連合軍に壊滅的な敗北を喫し、戦力の大半を失った勝頼は、急遽、要害山城の修築に着手した。しかし、狭すぎるため断念し、新府城の築城に踏み切った。武田氏滅亡後の天正壬午（てんしょうじんご）（1582）の乱の後には、徳川方の城番が置かれ、天正19年（1591）に甲府城に入封した豊臣秀吉の家臣・加藤光泰（みつやす）が、要害山城を修築している。要害山城での合戦は一度もなく、慶長5年（1600）に廃城になった。

一方、躑躅ヶ崎館には、信虎、信玄、勝頼の3代、60余年の武田氏の居館と政庁があったが、勝頼は、天正9年（1581）に韮崎に新府城を築いて本拠移転をした。その際、躑躅ヶ崎の主な建造物は破却されたという。武田氏滅亡後、甲府城を築城するまでの間、加藤光泰ら甲斐の統治者たちは躑躅ヶ崎館跡を拠点としていた。その際、大規模な改修が実施された。南の梅翁曲輪は武田氏滅亡後に築かれた。

武田信玄を祀る武田神社が創建されたのは、大正8年（1919）。館跡の面影は、武田神社の周囲をめぐる土塁、石垣、堀にわずかに留めている。

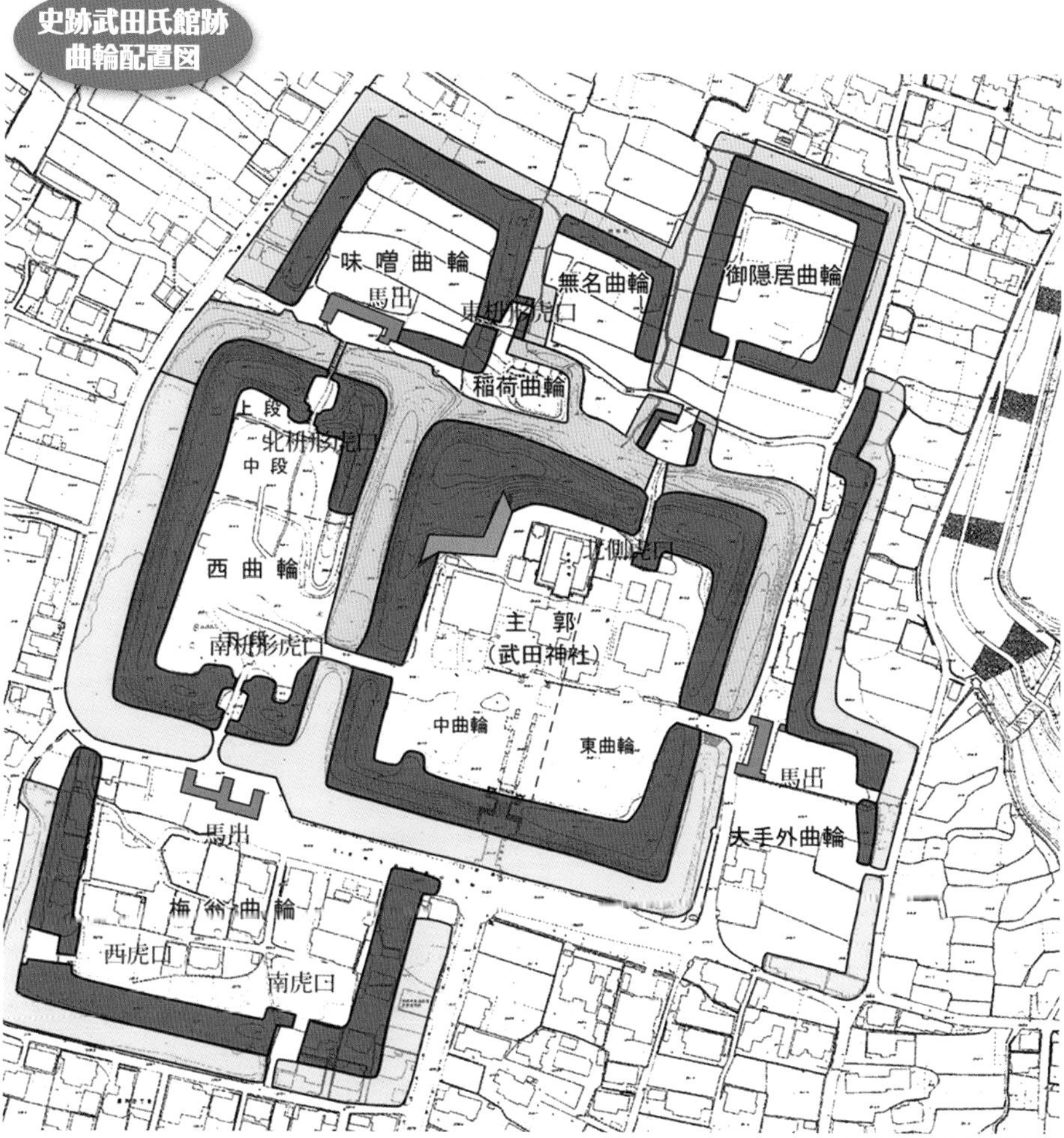

史跡武田氏館跡
曲輪配置図

味噌曲輪
無名曲輪
御隠居曲輪
馬出
東枡形虎口
稲荷曲輪
上段
北枡形虎口
中段
西曲輪
北側虎口
主郭
（武田神社）
南枡形虎口
中曲輪
東曲輪
馬出
馬出
大手外曲輪
梅翁曲輪
西虎口
南虎口

出典：甲府市教育委員会

出典：甲府市教育委員会

山梨

新府城

在城わずか68日。武田勝頼は新府城に火を放って、岩殿城に落ちていった

❶ 新府城本丸跡

無人駅の新府駅で降りる。正面（西）に鳳凰三山が眺められる。道標に従って新府城（藤武神社）へ向かう。額束に「正一位稲荷大明神」とある石の鳥居をくぐり、県道を渡って藤武神社の長く急な石段を登る。赤く塗られた両部鳥居が建つ中段が中腹の帯郭である。❶新府城の本丸は東西90m×南北150mと広い。江戸時代に建立された藤武神社、神楽殿のほか、武田勝頼の公霊社、長篠合戦の陣没将士の大塚、小塚などがある。発掘調査では礎石や築地塀が発掘され、また武田勝頼たちは、わずか68日しか住んでいないが、高級品の青磁の皿や焼けて炭に

藤武神社

DATA

歩行距離……約 4.3km　**歩行時間**……約 2 時間

所在地　韮崎市中田町中条字城山・藤井町駒井

参　考　国土地理院 2 万 5000 分の 1 地形図　韮崎

【弁当のオススメ場所】本丸跡
【トイレ】トイレも水道も本丸跡にある
【問合せ先】・韮崎市教育委員会文化財担当　☎ 0551-22-1111

東出構から茅が岳

西側眼下に釜無川を見下ろす

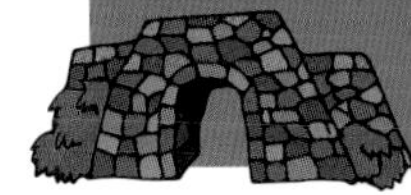

長篠戦役陣没将士之墓

なった米などが出土している。

土塁に登ると北側に八ヶ岳。その手前に能見城。右手の方（北東）には、金ヶ岳と茅ヶ岳が眺められる。2万5000分の1地形図「韮崎」を広げると、西方の眼下には釜無川、東方には塩川が流れている。

トイレの前から南に下ると❷**二の丸**（東西55ｍ×南北75ｍ）。土塁が巡り3か所の虎口がある。

続いて馬出。草ぼうぼうで、雪が降って雑草が枯れなければ満足に歩けない状態だ。南に下った三の丸はさらに草藪がひどく、曲輪には入れない。縄張図によれば、三の丸は台形をしていて、北辺130ｍ、南辺70ｍ、南北100ｍほどの広さがあり、中央に土塁があって、西三の丸と東三の丸に分かれている。少し先の❸**大手桝形虎口**に入る。新府城の中で最も大きな枡形虎口で、前面（南面）には武田氏の

❸ 大手枡形虎口

城郭の特徴の一つの虎口を守る半円状に丸く土塁が築かれた大手丸馬出と三日月堀である。

県道17号に下る道から別れて中腹に帯状に造られた帯郭（主に通路として利用されていた）を北に歩いていくと、先ほど潜った藤武神社の両部鳥居に出る。北から西へ廻っていくと雑木林の道に入り、湿地帯の中に突き出た❹**東出構**、❺**西出構**。さら

大手丸馬出

コースと所要時間

スタート **JR新府駅**（無人駅）
↓ 0.8km 20分
❶ **新府城本丸跡**〈藤武神社〉
↓ 0.2km 5分
❷ **二の丸**
↓ 0.4km 10分
❸ **大手桝形虎口**〈大手丸馬出、三日月堀〉
↓ 0.7km 20分
❹ **東出構**
↓ 0.2km 5分
❺ **西出構**
↓ 0.2km 5分
❻ **井戸跡**
↓ 0.1km 5分
❼ **木橋の橋台跡**
↓ 0.2km 5分
❽ **乾門桝形虎口**
↓ 0.1km 5分
❾ **広場**
↓ 0.5km 15分
駐車場
↓ 0.9km 25分
ゴール **JR新府駅**（無人駅）

帯郭に建つ藤武神社の鳥居

❸ 整備中の三日月堀

新府城小史

新府城は、新府駅の西方700m、七里岩と呼ばれる釜無川と塩川に挟まれた台地上にある。七里岩は八ヶ岳の火砕流によって形成され、長野県境から韮崎までの釜無川左岸約30㎞にも及ぶ帯状を呈する台地である。高さ70m前後の急崖が続き、祖母石集落からは130mもの高さがある。塩川の右岸では若神子付近から韮崎まで、約10㎞が、数十mの急崖をなしている。まさに要害。武田信虎、信玄時代には、甲斐国（山梨県）内に本格的な城郭を築いていないが、天正3年（1575）の長篠の戦いで織田・徳川連合軍に壊滅的な敗北を喫し、戦力の大半を失っていた勝頼には、要害堅固な城郭を築くことが急務であった。七里岩は、武田親族衆の穴山梅雪（信玄の姉の子）が強くすすめた地である。防衛戦を覚悟した勝頼は、真田昌幸を普請奉行に任じて天正9年（1581）2月に築城に取り掛かった。3月に高天神城（静岡県掛川市）が落城した状況の中で、領国中に総動員態勢がとられ、昼夜兼行で城普請が急ピッチで進められた。

八ヶ岳と手前左は能見城

12月に勝頼は躑躅ヶ崎館（甲府）から新府城に移った。家臣たちは、心残りがないように住み慣れた屋敷を打ち壊して移転した。本丸は、藤武神社のある地である。標高は524m。広さは東西90m、南北150m。周囲には土塁がめぐらされていた。本丸の西側に一段低く二の丸。本丸の南側には東三の丸、西三の丸などがあった。

天正10年（1582）の正月早々、武田親族衆の木曽義昌（正室は信玄の娘・真理姫）が勝頼を裏切り、織田信長に通じた。勝頼は、義昌に城普請のため木曽の檜など材木の供出を命じたが、過酷な負担に背いたと噂された。勝頼が義昌追討の兵を出すと、待っていたように信長は、甲信進攻を開始した。すると、最前線を守っていた信濃勢の中から寝返るものが続出し、多くの城が戦わずに織田軍の手に落ちた。また、駿河口の徳川軍の進攻の前に、穴山梅雪は江尻城（静岡県清水市）を明け渡した。奮戦した高遠城（長野県伊那市）が落ちると、新府城へ織田軍が迫ってきた。勝頼は、大月の岩殿城に籠城するよう勧めた小山田信茂の言葉に従い、新府城に火を放って岩殿城に向かった。在城は、わずか68日であったという。

同じ天正10年に、本能寺の変で急死した信長亡き後の甲斐支配を巡って徳川軍と北条軍が覇を競った「天正壬午の乱」が起こったとき、家康は新府城を本陣としたが、翌年に甲府城の築城を始め、新府城は廃城となった。

に西に歩くと、直径25ｍぐらいの❻井戸跡（井戸、空堀）に突出する❼**木橋をかけるための橋台跡**がある。❽**乾門枡形虎口**（搦手口）を出ると水堀の北側に❾**広場**がある。乾門枡形虎口（搦手口）には、城外側に2本柱の門、城内側に6個の礎石で支えられた門があったという。水堀に沿って東に折り返して西出構、東出構の北側を通って駐車場に出る。正一位稲荷大明神とある石の鳥居を左折して出発点の新府駅に戻る。

❹ 北側から見た東出構

穴山梅雪

梅雪には、穴山家の先祖は信玄と同じ血筋で、信玄の側室（由布姫）の子である勝頼とは、血筋に雲泥の差があるというプライドがあった。天正10年（1582）、木曽義昌の裏切りに端を発した織田勢の甲斐侵攻をみて、勝頼を見捨て、嫡男・勝千代を武田の後継者にしようと家康の軍門に下った。信長から河内の旧領を安堵され、家康は武田家継承の約束もした。梅雪は、信玄、勝頼父子2代に仕えた親類衆の筆頭格。信玄の姉（南松院）を母とし、信玄の次女（見性院）を正室とする。河内（西八代郡、南巨摩郡）の領主であり、江尻城主。

木曽義昌と光明寺

新府城から県道17号を東南に約1㎞の所に、光明寺がある。この寺に、木曽義昌の嫡子千太郎たちの墓がある。木曽福島城の木曽義昌には信玄の娘・万理姫が嫁いでいたが、義昌が織田信長に寝返った。やむなく、勝頼は人質として預かっていた義昌の嫡子・千太郎13才、娘17才、母70才を斬った。後事を千太郎の守役・上野豊後守に託し、墓碑を建て、千太郎を光明寺の開基として霊を慰めた。同じ離反でも、用意周到な穴山梅雪は、妻・見性院と子供を逃亡させている。母と2人の子供たちを見捨てなければならない木曽義昌の切羽詰った状況が伝わってくる。

武田勝頼

武田信玄の4男。天正元年（1573）、信玄の死によって家督を継ぐ。しかし、同3年（1575）、長篠の戦いで織田・徳川連合軍に大敗し、武田家生え抜きの武将たちを失った。同6年（1578）、上杉謙信没後の景勝と景虎（北条氏政の弟で、謙信の養子）の家督争いが起きたとき、氏政の妹を正室に迎えていた勝頼は、北条氏政の要請に応じて、氏政の弟の景虎に援軍を送った。しかし、窮地に陥った景勝から、「後継者になれるよう支援してくれたら、信濃も上野も勝頼に割譲する」と持ち掛けられ、敵だった景勝の後押しをした。追い詰められた景虎は自害。怒りの収まらない氏政は、織田・家康連合軍に急接近し、勝頼は四面楚歌になった。同9年（1581）、韮崎に新府城を築くが、翌年、親族衆の木曽義昌や穴山梅雪に背かれた。織田軍が迫ってくると、大月の岩殿城へ籠城するよう勧めた小山田信茂の言葉に従い新府城に火を放って岩殿城に向かったものの、信茂の裏切りに遭い、織田勢に包囲され、天目山下の田野で息子信勝や妻の北条夫人とともに自害した。

武田勝頼公霊社

❻ 井戸跡

❺ 西出構から鳳凰三山

新府城コースマップ

至能見城
中田町中条
新府駅
START
GOAL
中条上野
新府城跡
韮崎町祖母石
桐沢橋
釜無川
西岩下
里岩
光明寺

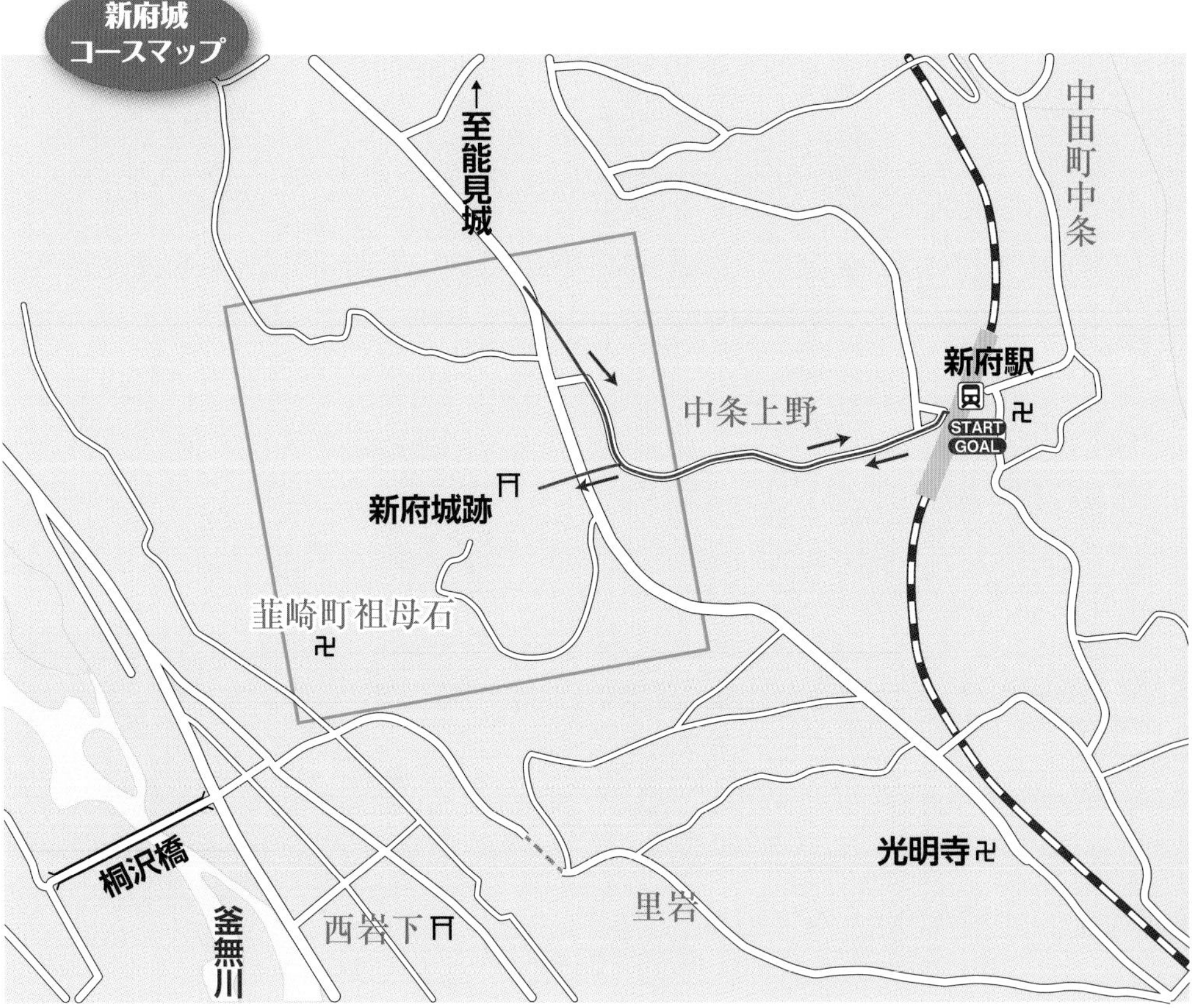

❽ 乾門桝形虎口

❼ 木橋の橋台跡

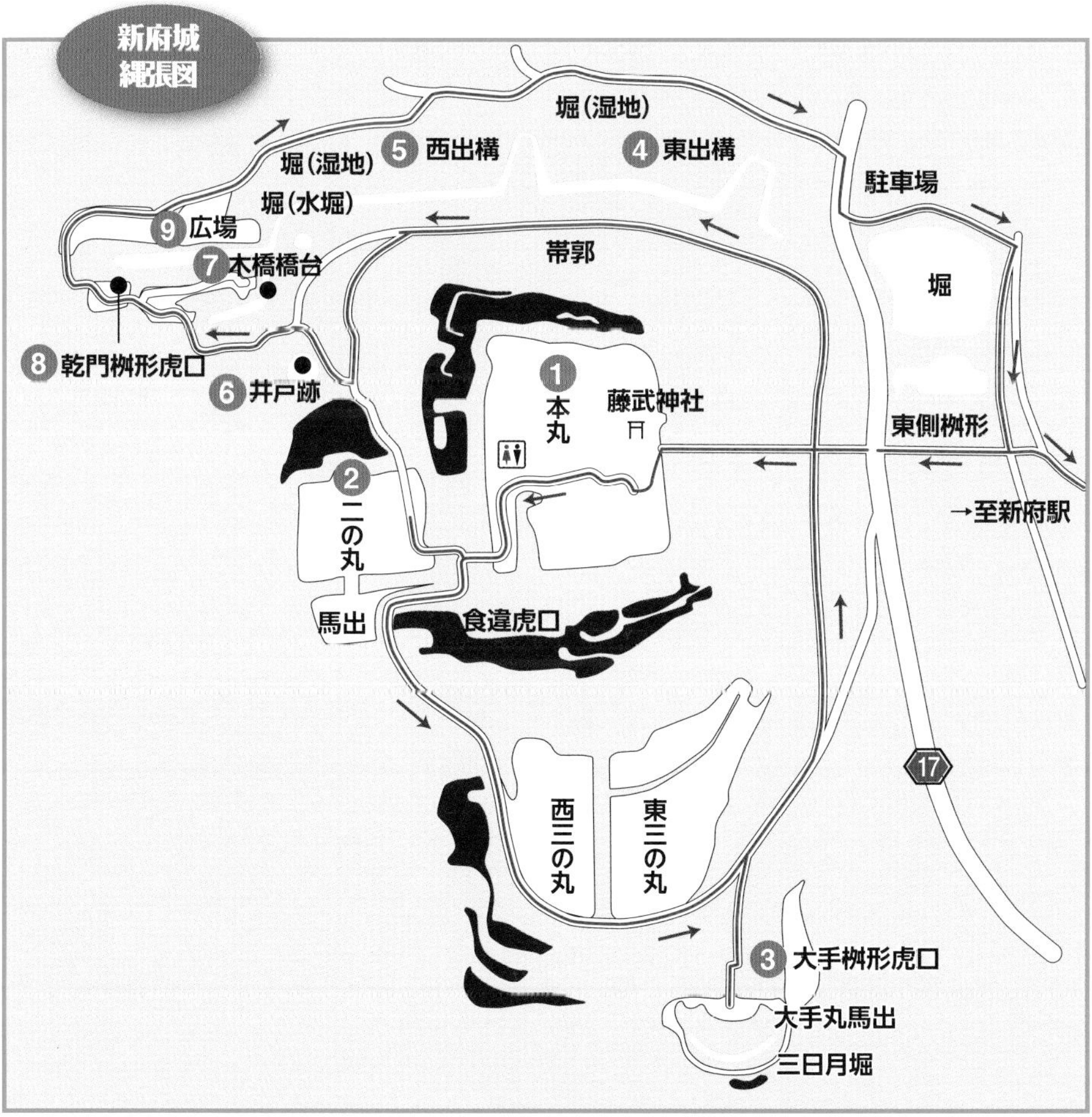

新府城 縄張図

堀（湿地）
5 西出構
4 東出構
堀（湿地）
堀（水堀）
駐車場
9 広場
7 木橋橋台
帯郭
堀
8 乾門桝形虎口
6 井戸跡
1 本丸
藤武神社
東側桝形
2 二の丸
→至新府駅
馬出
食違虎口
17
西三の丸
東三の丸
3 大手桝形虎口
大手丸馬出
三日月堀

出典：「新府城と七里岩」（韮崎市教育委員会監修・発行）を参考に作成

山梨

谷戸城（やとじょう）

源義光の孫・逸見（へみ）清光の居城。源頼朝が挙兵したのは、清光の子の武田義信の代。呼びかけに来た北条時政、義時が会見したのは、谷戸城か？

北杜市考古資料館と八ヶ岳

谷戸城（1993年国史跡指定）は、八ヶ岳の山体崩壊によって崩れ落ちた大量の土砂が流れ下ってつくられた小山（流れ山）に立地している。そこは、東衣川、西衣川に挟まれた周囲との比高差30mほどの眺望に優れた独立丘（標高862m）で、城山（じょうやま）と呼ばれている。城内は6つの郭（くるわ）と帯郭（おびくるわ）（細長い曲輪、通路として使われる）からなる。山頂部の一の郭（おむすび形の不整三角形）を中心に、東側に二の郭、西側に3mほど下がって三の郭を配する。またこれらの郭の土塁の北側に四の郭、東側の土塁の外側に3mほど下って五の郭を配している。四～五の郭は土塁が低く、高い土塁、深い空堀に囲まれた一の郭～三の郭とは対照的である。また、西側の低い位置に居館部分と想定される六の郭がある。南側には狭い通路をそれぞれ数段設けているほか、北～東に空堀と土塁を巡らせて防御を固めている。敵が鉤（かぎ）の手

❶ 北帯郭

DATA

歩行距離……約1.5km　**歩行時間**……約1時間

所在地　北杜市大泉町谷戸字城山

参　考　国土地理院2万5000分の1地形図　谷戸

【弁当のオススメ場所】二の郭

【トイレ】北杜市考古資料館を利用できる。ただし、考古資料館は、火、水と休日の翌日は休み。駐車場にもトイレがある

【特記事項】・登山靴がベスト。草が茂った箇所が多いので、虫よけの薬も必要

・北杜市考古資料館（☎0551-20-5505）は、谷戸城のガイダンス館を兼ねる。ここで、『谷戸城跡』（北杜市教育委員会作成のリーフレット・100円）を入手できる

【問合せ先】・北杜市教育委員会学術課：☎0551-42-1375

・大泉タクシー：☎0120-38-2312

南帯郭

❷ 南竪堀

（ほぼ直角に曲がること）に折れて進まないと、郭の内部へ侵入できないように、左右の土塁をずらした食い違い虎口が多用されているのもこの城跡の特徴である。

　北杜市考古資料館の前を通り、北側の堀切にある土橋から入り左折すると、園路入口と表示された大きな道標が立っている。北から東へ、東斜面に続く通路の❶**北帯郭**を歩く。北竪堀を過ぎると、南東斜面は急な傾斜が続く。細くなった帯郭を歩いていくと❷**南竪堀**に出る。斜面の上には、小さな五の郭（15ｍ×15ｍ）。南帯郭に回り込むようになると視界が広がる。南帯郭から斜面を登り、食違い虎口を通って❸**三の郭**に入る。空堀は浅く掘られ、西側（三の郭側）に進むにしたがって深くなっている。そのまま北に進み、一の郭の北側を東に回って6つの郭の中で最も広い❹**二の郭**に入る。三の郭、二の郭の土塁の内側には、

❹ 二の郭

❸ 三の郭空堀

コースと所要時間

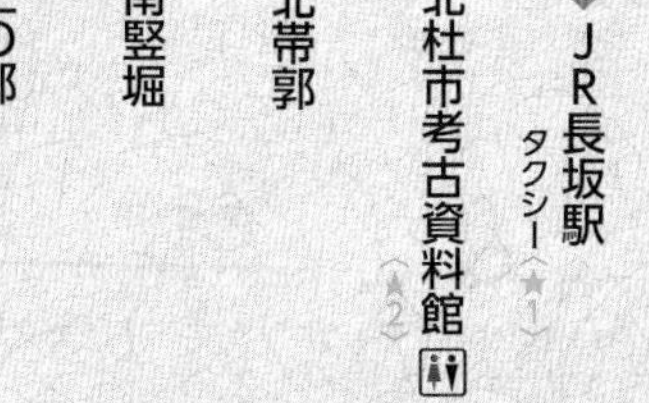

スタート **JR長坂駅**
タクシー〈★1〉
北杜市考古資料館〈★2〉
0.2km 5分
❶ **北帯郭**
0.1km 5分
❷ **南竪堀**
0.2km 5分
❸ **三の郭**
0.1km 5分
❹ **二の郭**
0.1km 5分
❺ **一の郭**
0.1km 5分
❻ **帯郭**
0.1km 5分
❼ **五の郭**
0.3km 10分
❽ **搦手虎口**
0.3km 10分
北杜市考古資料館
タクシー〈★3〉
ゴール **JR長坂駅**

〈★1〉タクシー約1600円／台
〈★2〉入館料210円

〈★3〉タクシー約1600円／台

❺ 一の郭の平入の虎口

規模の大きな空堀が配置されているのも谷戸城の特徴の一つである。二の郭には東屋が建っているが、発掘調査で掘立柱建物が確認されている。中央が切れた平入りの虎口から❺**一の郭**に入る。

一の郭は南北40m、東西40mの大きさで、周囲を土塁に囲まれている。二の郭と接する北から東側の土塁は厚く、高く作られている。西側の三の郭は一の郭より3mほど低いので、土塁も低い。西側の食違い虎口を出ると先ほど歩いた三の郭である。北に歩き、北側の土橋を渡ると二の郭の北から東を取り巻く❻**帯郭**に出る。この外縁には50㎝にも満たない低い土塁が巡り北側で四の郭、東側で❼**五の郭**（15m×15m）とつながる。

❽**搦手虎口**は南西部に掘られた鉤の手に曲がる空堀にある。五の郭から、南帯郭を通って行こう。搦手虎口近くの車道に出たら、城跡を右手に北へ歩くと、北杜市考古資料館に戻る。車道歩きを避けるなら、空堀を登り返し、搦手と大手との連絡通路であった西帯郭を歩くのもいい。

谷戸城小史

谷戸城は、甲斐源氏の祖・逸見清光（新羅三郎義光の孫）の居城と比定されている。清光は、父・武田義清と常陸国武田郷（茨城県ひたちなか市）に居住していたが、気性が荒い清光が事件を起こして朝廷に告訴され、配流された先が、甲斐国市川荘といわれる。清光は八ヶ岳南麓台地一帯を指す地名である逸見の地を本拠とし、この地に谷戸城を築いた。

『吾妻鏡』の治承4年（1180）9月15日条に載る清光の子・武田義信（武田氏の祖）と孫・一条忠頼が、源頼朝が旗上げしたとき、挙兵を呼びかけに来た北条時政、義時と会見した「逸見山」は、この谷戸城といわれている。また、安楽寺（大泉町谷戸）と深草館（長坂町大八田）には、清光の嫡子光長の伝承が、白旗神社（大泉町谷戸）には、孫有義伝承が残る。

しかし、江戸時代後期の地誌『甲斐国志』では、逸見山は、交通の要衝であった若神子城（北杜市須玉町若神子）であるといい、谷戸城に残っている土塁や堀は、武田家滅亡後の天正10年（1582）に、甲斐国の領有を巡り徳川家康と北条氏直が争った天正壬午の乱の際に北条氏によって修築されたからではないかと推測している。

南竪堀

谷戸城と考古資料館

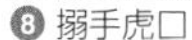
❽ 搦手虎口

二の郭の北から東を取り巻く帯郭

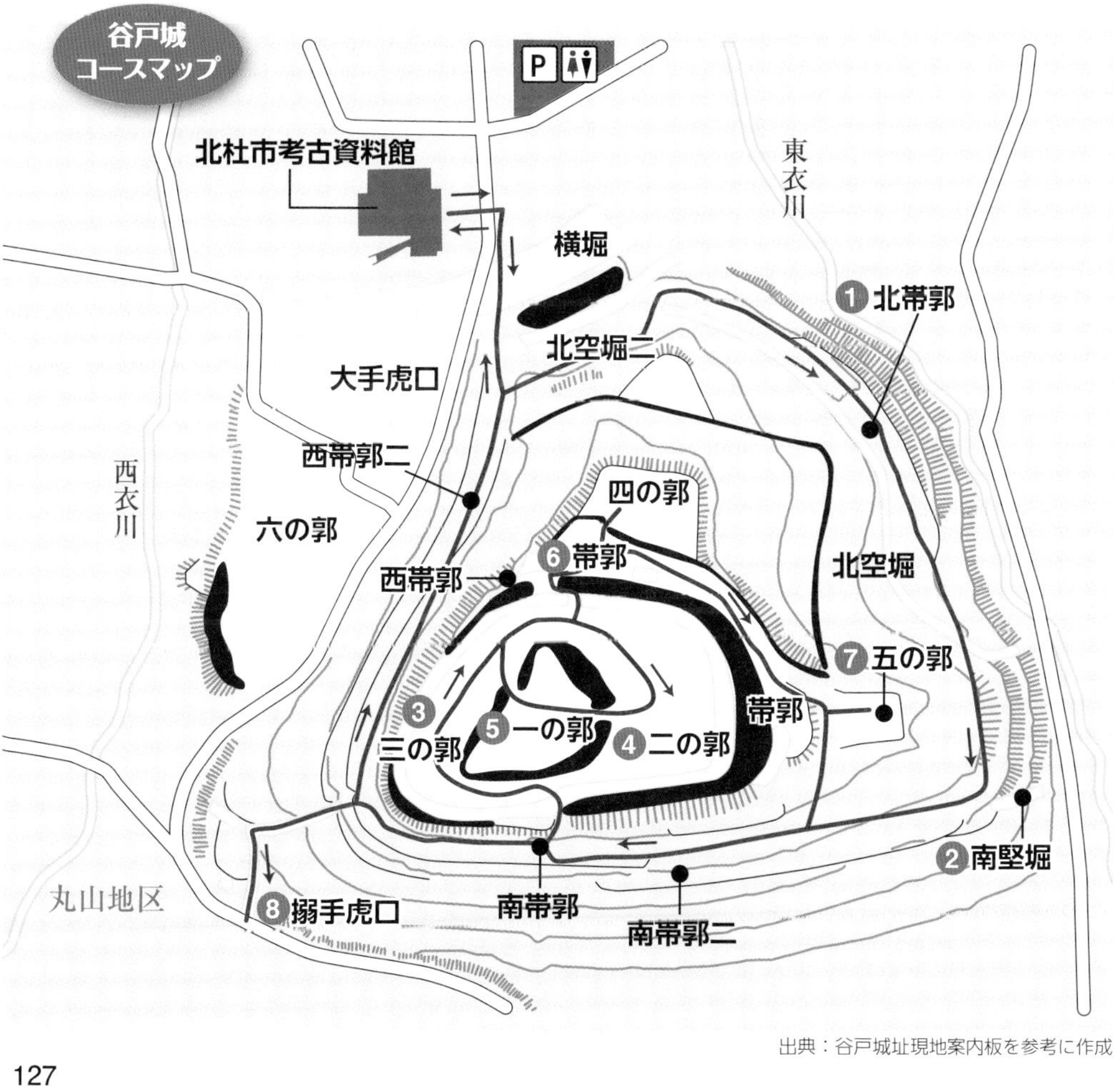

谷戸城
コースマップ

北杜市考古資料館
東衣川
横堀
❶ 北帯郭
北空堀二
大手虎口
西帯郭二
西衣川
六の郭
四の郭
❻ 帯郭
西帯郭
北空堀
❼ 五の郭
❸ 三の郭
❺ 一の郭
❹ 二の郭
帯郭
❷ 南竪堀
丸山地区
❽ 搦手虎口
南帯郭
南帯郭二

出典：谷戸城址現地案内板を参考に作成

【STAFF】
●編集・制作　有限会社イー・プランニング
●本文デザイン・DTP　小山弘子
●著者　清水克悦

●参考文献（※記載順：『書籍名』著者名（発行元）発行年）

『関東の名城を歩く 南関東編：埼玉・千葉・東京・神奈川』峰岸純夫／齋藤慎一（吉川弘文館）2011 年
『関東の名城を歩く 北関東編：茨城・栃木・群馬』峰岸純夫／齋藤慎一（吉川弘文館）2011 年
『甲信越の名城を歩く 山梨編』山下孝司／平山優（吉川弘文館）2016 年
『牛久市史　原始古代中世』牛久市史編さん委員会編（牛久市）2004 年
『千葉県の歴史 資料編 中世 1([千葉県] 県史シリーズ)(考古資料)』千葉県史料研究財団（千葉県）1998 年
小田原の遺跡探訪シリーズ 15『小田原城総構』小田原市教育委員会（小田原市役所）2020 年
ガイドブック『改訂 歩いて廻る「比企の中世・再発見」』埼玉県立嵐山史跡の博物館　2014 年
ガイドブック『国指定史跡 比企城館跡群　菅谷館跡（改訂版）』埼玉県立嵐山史跡の博物館
『滝山城戦国絵図 中世城郭のからくり』中田正光（滝山城跡群・自然と歴史を守る会／揺籃社）2009 年
『埼玉の城 127 城の歴史と縄張』梅沢太久夫（まつやま書房）2018 年
新ハイキング選書『関東一円 古城址ハイキング』内田栄一（新ハイキング社）2016 年
『関東・甲信越 戦国の名城・古城歩いて巡るベスト100』清水克悦（メイツユニバーサルコンテンツ）2012 年
図説日本の城郭シリーズ『神奈川中世城郭図鑑』西股総生／松岡進／田嶌貴久美（戎光祥出版）2015 年
改訂版『図説 茨城の城郭』茨城城郭研究会（国書刊行会）2017 年
『戦国の山城を極める - 厳選22城』加藤理文／中井均（Gakken）2019 年
『城郭探検倶楽部―お城の新しい見方・歩き方ガイド』中井均／加藤理文（新人物往来社）2003 年
『江戸城―その全容と歴史』西ヶ谷恭弘（東京堂出版）2009 年
中公新書『江戸城―本丸御殿と幕府政治』深井雅海（中央公論新社）2008 年
『日本城郭大系〈第6巻〉千葉・神奈川』平井聖（新人物往来社）1980 年
リーフレット『国指定史跡 比企城館群　松山城跡』埼玉県比企郡吉見町教育委員会

首都圏　城跡ハイキング
歩いて楽しむ歴史の足跡

2023 年 10 月 30 日　　第 1 版・第 1 刷発行

著　者　清水　克悦 （しみず　かつよし）
発行者　株式会社メイツユニバーサルコンテンツ
　　　　代表者　大羽 孝志
　　　　〒 102-0093 東京都千代田区平河町一丁目 1-8
印　刷　シナノ印刷株式会社

◎『メイツ出版』は当社の商標です。

ご意見・ご感想はホームページから承っております。
ウェブサイト　https://www.mates-publishing.co.jp/

企画担当：堀明研斗